요즘것들

셀프헬프
self·help
시리즈 ❼

"나다움을 찾아가는 힘"

사람들은 흔히, 지금의 내가 어제의 나와 같은 사람이라고 생각한다. 이것만큼 큰 착각이 또 있을까? 사람은 매 순간 달라진다. 1분이 지나면 1분의 변화가, 1시간이 지나면 1시간의 변화가 쌓이는 게 사람이다. 보고 듣고 냄새 맡고 말하고 만지고 느끼면서 사람의 몸과 마음은 수시로 변한다. 그러니까 오늘의 나는 어제의 나와는 전혀 다른 사람이다. 셀프헬프self·help 시리즈를 통해 매 순간 새로워지는 나 자신을 발견하길 바란다.

4차 산업혁명을 이끌 위대한 별종과 공존하는 기술

요즘 것들

초판 1쇄 발행 | 2018년 2월 7일
초판 10쇄 발행 | 2023년 11월 5일

지은이 | 허두영
발행인 | 김태영
발행처 | 도서출판 씽크스마트
주   소 | 경기도 고양시 덕양구 청초로66 덕은리버워크 지식산업센터 B-1403호
전   화 | 02-323-5609·070-8836-8837
팩   스 | 02-337-5608

ISBN 978-89-6529-176-3 03320

• 잘못된 책은 구입한 서점에서 바꿔 드립니다.
• 이 책의 내용, 디자인, 이미지, 사진, 편집구성 등을 전체 또는 일부분이라도 사용할 때에는
  저자와 발행처 양쪽의 서면으로 된 동의서가 필요합니다.
• 도서출판 〈사이다〉는 사람의 가치를 밝히며 서로가 서로의 삶을 세워주는 세상을 만드는 데 기여하고자 출범한,
  인문학 자기계발 브랜드 '사람과 사람을 이어주는 다리'의 줄임말이며, 도서출판 씽크스마트의 임프린트입니다.
• 원고 | kty0651@hanmail.net

이 도서의 국립중앙도서관 출판예정도서목록(CIP)은 서지정보유통지원시스템 홈페이지(http://seoji.nl.go.kr)와
국가자료공동목록시스템(http://www.nl.go.kr/kolisnet)에서 이용하실 수 있습니다.(CIP제어번호: CIP2018001098)

씽크스마트 • 더 큰 세상으로 통하는 길
도서출판 사이다 • 사람과 사람을 이어주는 다리

요즘 것들

허두영 지음

4차 산업혁명을 이끌
위대한 별종과 공존하는 기술

사이다
사랑과 사랑을
이어 주는 다리

추천사

대한민국 밀레니얼세대의 특성을 낱낱이 분석하고, 그들과 소통하며 일하는 법을 체계적으로 제시한 최초의 책이다. 밀레니얼세대를 이끌고 키우는 방법을 고민하는 대한민국의 리더와 관리자들에게 훌륭한 내비게이터가 되어줄 것이다.

IGM세계경영연구원 부원장 권상술

건방지고, 무례하고, 이기적이라고 생각했던 후배 직원에게 친구 같은 선배 직원으로 다가갈 때 참고서가 된 책이다.

한국자산관리공사 경기지역본부 팀장 김인규

이미 대기업 구성원의 50% 이상을 차지하는 밀레니얼세대, 그들이 조직문화 변화의 한 중심에 있다. 나와 같은 조직문화 담당자뿐 아니라 '요즘 것들'과 진정으로 소통하기를 원하는 세상의 리더들에게 변화를 가져다줄 시작점이 될 책이다.

한화인재경영원 인재개발팀 매니저 류은영

내가 사원일 땐 안 그랬는데 말이야, 요즘 애들은 대체 왜 이래? 그저 버릇없고 이기적으로 보이는 우리, 요즘 것들과의 동거가 불편한 모든 분에게 추천합니다.

삼성 멀티캠퍼스 집합교육2그룹 대리 민경원

구글, 페이스북 등 글로벌 선도기업은 조직문화와 일하는 방식이 유연하고 개방적이며 변화에 민첩하게 대응한다. 이런 혁신적인 일터로 변신하려면 저자가 천착한 밀레니얼세대에서 그 실마리를 찾아보기를 권한다.

성균관대학교 행정학과 교수, 전 기획재정부 장관, 박재완

밀레니얼세대의 다름을 이해하고 그들과 소통하며 그들이 조직에서 역량을 충분히 발휘하게끔 돕고자 하는 모든 리더에게 이 책을 건네고 싶다.

이지바이오 인재개발실 대리 오성아

한 조직 경영의 성패는 무엇보다 건강한 조직문화와 구성원의 역량 향상에 달려있다고 봅니다. 특히 최근 많은 기성세대가 요즘 것들과 소통에 어려움을 겪죠. 그들을 이해하고 소통하는 일이 매우 중요합니다. 그런 의미에서 이 책은 관리자들이 꼭 읽어야 합니다.

분당서울대학교병원 교육수련팀 팀장 이성호

이 시대를 살아가는 기성세대에게 요즘 것들(밀레니얼)을 어떻게 바라보고, 소통하고, 함께 일해야 하는지 저자의 경험과 통찰력에 기반을 두어 명쾌하게 제시했다. 현재 기업에서 리더의 역할을 맡은 내가 즉시 현장에서 적용할 만큼 상세하고 실용적이다. 그간 밀레니얼에 대해 무지하여 그들에게 저지른 만행을 반성하는 계기가 되었다.

SK텔레콤 인재개발원 팀장 이송만

누구에게나 어른들은 절대로 이해하지 못하는 '요즘 것들'이었던 때가 있었다. 정작 자신도 나이가 들면 요즘 것들을 이해하지 못하겠다고 한다. 요즘 것들이 왜 그러는지 모르겠다면 얼른 이 책을 읽어보라. 나도 모르게 '꼰대'가 되어가는 것을 막아줄 것이다.

IGM세계경영연구원 응용센터 주임연구원 이윤정

혹사를 강요하고 마른 수건이나 쥐어짜는 것은 더 이상 전략이 아니다. 미래의 주축이 될 세대와 소통하며, 신나게 함께 일하기 위해서 리더는 무엇을 해야 할까? 이 질문에 답을 찾을 수 있는 책이다.

태평양물산 대표이사 임석원

내 마음을 진심으로 이해해주는 것 같아 큰 위로를 받았다. 동시에 내 마음속 깊숙이 묻어둔 말들을 대신 해준 저자 덕분에 속이 뻥 뚫리는 시원함을 느꼈다. 밀레니얼세대인 우리에게 너희 방식대로 나아가도 좋다고 조용한 응원을 보내는 책이다. 그 응원이 내게 큰 힘이 된다.

휴넷 HRD사업본부 기업교육팀 선임 전보람

대한민국의 트렌드를 실질적으로 주도하는 우리나라 밀레니얼세대를 이만큼 깔끔하게 분석한 책이 없다. 업무나 일상 가운데 밀레니얼세대를 고객으로 만나는 사람들에게 강력히 추천한다.

JTBC 앵커, 전 중앙일보 편집국장 전영기

리더십이나 팔로워십을 다룬 책은 많으나 밀레니얼세대와 함께 일하는 상사들의 이해를 돕는 책은 드물다. 젊은 세대를 이해하려고 지속적으로 관심을 두는 관리자와 리더라면 이 책을 곁에 꼭 두어야 할 것이다.

현대건설 인재육성팀 차장 정용권

요즘 젊은이들과 더 원활하게 소통하고 싶으신 분, 그들에게 더 멋진 리더가 되고 싶으신 분 그리고 그들에 대해 고민하는 기성세대들에게 강추한다.

전 보건복지부 장관, 전 국민연금공단 이사장 최광

나는 늘 요즘 세대와 가까운 듯 멀다는 생각이 들었다. 조금 더 그들을 이해하고 소통하고 싶다는 생각을 많이 했지만 그 방법을 몰랐다. 요즘 세대에 대해 더 폭넓게 생각하고 그들과 깊이 있게 소통하도록 돕는 책이다.

플랜비디자인 대표 최익성

공기업 중견간부인 나는 직장 내 조직문화 진단평가에서 후배들로부터 소통부문에서 보통 이하의 평가를 받았다. 배신감과 서운함 그리고 위기감이 들었다. 고민하던 차에 이 책을 접했다. 어떤 소통 지침서보다도 본질적이고 현실적이어서 공감이 되었다.

한국수자원공사 자산관리부 부장 허문행

저자는 세대를 공감으로 이끄는 비밀스러운 코드가 다름 아닌 '이해'임을 밝힌다. 가슴을 두근거리게 하는 '예리성'처럼 소통에 목말라하는 사람들이 놓치지 말아야 할 책이다.

문화일보 선임기자 허민

문제는
요즘 것들?

세계에서 가장 권위 있는 100년 역사의 경제 전문 잡지 〈포브스〉지에 '기업문화에 이상이 생겼음을 알려주는 10가지 신호'라는 제목의 꽤 흥미로운 기사가 실렸다. 휴먼 워크플레이스의 창업자이자 최고 경영자(CEO)인 리즈 라이언(Liz Ryan)이 요즘 기업의 문제점을 잘 짚어낸 글이었다. 그중 기업문화의 문제를 알리는 징후 하나가 눈에 띄었는데 그 내용은 이러했다. "관리자들은 자신들이 맡은 일의 우수사례에 대해서는 잘 훈련받은 반면, 밀레니얼세대 직원들을 다루는 리더십 훈련이나 테크닉에 대해서는 무지하다. 그들은 신뢰보다 공포로 조직을 통제한다. 그러다 보니 직원들은 고객이나 주주보다 윗사람의 비위를 맞추는 데 급급하다." 정말 맞는 얘기다. 특히 기성세대는 밀레니얼세대를 몰라도 너무 모른다.

회사는 여러 프로젝트로 온통 바쁘게 돌아가는데 당당하게 휴가 내는 직원, 선약이 있다며 팀 회식에 불참하는 직원, 급하게 임원에게

올릴 보고서 수정을 맡겼는데 감감무소식이라 진행상황을 체크하니 이미 메일로 보냈다며 황당해하는 직원, 임원까지 참석하는 본부 회식에서 상석에 앉는 직원, 심지어 배가 고프다면서 먼저 숟가락 드는 직원, 자신의 고과점수가 왜 낮은지 이해가 안 된다며 따지는 것도 부족해 올려달라며 눈물로 호소하는 직원, 약속이 있다며 가장 먼저 칼퇴근하는 직원, 출근 당일 깜깜무소식인 비정규직원까지 기성세대를 당황하게 하는 젊은것들의 모습은 다양하다.

요즘 것들을 알아야 비즈니스에 성공한다

기성세대는 알게 모르게 젊은것들 때문에 힘들다. 기성세대들과 대화하노라면 누구나 이 얘기에 공감한다. 어떤 기성세대와 인터뷰하더라도 한두 가지씩 관련 에피소드와 함께 열변을 토하지 않는 경우가 없었다. 그 모습은 마치 UFO를 타고 온 미지의 외계인(요즘 것)과

조우한 것과 같다. 언어와 사고가 다른 외계인 입장도 사실은 별반 다를 게 없다. 그들과 인터뷰해보면 이미 혹성에 정착해 사는 원주민 (기성세대)의 텃세와 이해하기 힘든 낯선 문화에 적응하느라 여간 고달 픈 게 아니다. 외계인 100명 중 28명이 1년 내에 혹성 탈출을 감행한 다는 경총의 통계가 이를 증명한다. 반면에 유형은 다르지만 기성세 대 역시 공통으로 요즘 것들과의 의사소통에 어려움을 호소한다. 외 계인에 대한 이해 없이 이들과 온전하게 의사소통하기란 불가능하 다. 기성세대들이 가지고 있는 소통의 노하우도 요즘 것들에게는 잘 안 먹힌다는 얘기를 많이 한다. 예를 들어 회식이나 등산에서 술 한 잔 기울이며 요즘 것들과 그간 쌓인 회포를 풀려 한다면 큰 오산이 다. 요즘 것들은 지금 같은 회식 문화에 질색한다. 차라리 빨리 퇴근 하기를 원한다.

《한비자》오두편(伍蠹篇)에 '수주대토(守株待兎)'라는 유명한 고사가 있다. 내용은 이렇다.

"송나라의 한 농부가 밭을 갈고 있었다. 밭 가운데에 그루터기가 하나 있 었는데, 어느 날 토끼가 달려가다 거기에 부딪혀 목이 부러져 죽었다. 그 이후로 농부는 쟁기를 놓고 그루터기를 지켰다. 또다시 토끼를 얻을 수 있을까 하고 기다린 것이다. 그러나 다시는 토끼를 얻을 수 없었다. 그는 사람들의 웃음거리가 되었다."

이는 전국시대 한 나라의 방계 왕자로 태어난 이야기꾼 한비자가 쓴 이야기이다. 구제도와 관습 아래 기득권을 누리며 군주를 우롱하고 국정을 농단하는 당시 귀족과 간신들을 빗대어 쓴 것이다. 이 이야기를 한번 바꿔보자. 고대 제왕의 정치를 좇아 현재의 백성을 다스리려고 하는 것은 마치 과거의 관계논리와 소통방식으로 요즘 것들을 대하는 것이나 매한가지다. 토끼를 기다리는 농부의 모습이 혹시 요즘 기성세대의 모습과 겹치지는 않는가? 지금까지 옳다고 철석같이 믿어왔던 인간관계 방식에 기성세대는 커다란 물음표를 던져야 한다. 이 점이 낀 세대(X세대)인 필자가 기성세대와 밀레니얼세대를 가까운 거리에서 부대끼며 겪은 문제의식의 출발점이다.

일도 결국에는 관계를 통해 이루어진다. 관계에 갈등이 있으면 온전한 성과를 내기 힘들다. 그렇다면 소통과 갈등의 본질은 무엇일까? 바로 '다름의 이해'다. 서로의 다름을 이해하는 데서 소통이 시작되어야 한다. 그리고 기성세대는 요즘 것들이 나와 무엇이 다른지 필사적으로 알아내야 한다. 그리고 어떻게 달라져야 할지 부단히 학습하고 성찰해야 한다. 고백하건대 필자도 처음 팀장이라는 완장을 달고 난 후 나름 좋은 리더가 되기 위해 절치부심하던 시절이 있었다. 필자는 밀레니얼세대 직원을 칭찬하는 데 인색했다. 더러는 조언으로 위장해 주제넘게 충고하기도 했다. 필자의 전문성을 과시하려고 후배가 더 잘한 일을 쉽게 인정하지 않기도 했다. 스스로 잘못을 알면서도 그것이 드러나는 게 창피해 얘기를 안 한 적도 있다. 하기 싫은 일을 떠넘기기도 했다. 후배 직원의 작은 실수에 너그럽지 못한 경우도 많았다. 이 책은 밀레니얼세대에 대한 무지함으로 그간 알게 모르게 저지른 잘못을 더 이상 반복하지 않고, 좋은 리더로 거듭나기 위해 자신에게 하는 다짐이기도 하다.

요즘 것들과 함께하며 겪은 오답노트

이 책은 리더십이 고상한 어떤 것이 아니라 치열한 성찰의 노정임을 깨달아가는 필자가 과거의 잘못을 복기하면서 쓴 '반성문'이자, 현재 진행형인 '오답노트'와도 같다. 그래서 기성세대에게 성찰을 요구하는 내용이 훨씬 많다. 혹시 위로되는 얘기를 듣고 싶은 독자가 있다면 마음을 바꿔야 할지 모른다. 모쪼록 이 책이 기성세대가 밀레니얼세대인 요즘 것들을 더 깊게 이해하고 서로 화합하는 매개체가 되었으면 하는 마음이 간절하다. 사명감을 담아 쓴 이 책이 독자의 마음에 전달될 수 있다면 더 이상 바랄 것이 없다. 이 책은 밀레니얼세대와 함께 일하는 사람, 특히 밀레니얼세대 때문에 골머리를 앓고 있는 사람에게 도움이 될 것이다. 나아가 밀레니얼세대를 상대로 비즈니스를 고민하는 사람들에게는 고객분석 차원에서 참고가 될 것이다.

이미 밀레니얼세대에 대한 연구가 활발했던 미국, 독일 등 서구와 달리, 국내에는 밀레니얼세대에 대한 연구와 준비가 거의 없는 것이 현실이다. 그나마 국내 교수나 연구자가 세대문제를 다룬 몇 안 되는 경우도 일반 독자에게 접근이 쉽지 않은 기사나 논문 형식이 주를 이뤄 대중화에 한계가 있었다. 이 책에서는 학술적인 용어와 개념을 최소화하고자 노력했다. 또 밀레니얼세대(학계에서는 주로 'Y세대'라고 함)라는 용어의 중요성에 비해 범용성과 인지도가 낮다고 판단해 일반 대

중의 관심과 경각심을 이끌어내고자 '요즘 것들'이라는 용어와 혼용했다. 참고로 밀레니얼세대는 1980~2000년생을 기준으로 삼았다.

그동안 밀레니얼세대를 조명한 책들이 N세대, Y세대, 디지털 네이티브, 밀레니얼 제너레이션 등 이름을 달리하며 출간되었다. 그나마도 번역서가 대부분인 데다, 밀레니얼세대를 다룬 책은 고사하고 세대문제를 다룬 책들도 드물다. 이에 필자는 밀레니얼세대에 대한 이해를 돕기 위해 그들의 특징을 정리했다. 이를 토대로 밀레니얼세대를 후배 직원으로 둔 사람들이 그들과 어떻게 소통하고 일할지를 정리했다. 이 책에 담은 내용의 상당부분은 필자가 그간 수행해온 변화관리, 조직문화, 인재개발 등 다양한 컨설팅 프로젝트의 결과물이다. 프로젝트 진행과정 도중 만난 여러 CEO와 임직원들을 대상으로 실시한 밀레니얼세대 관련 내부 문헌조사, 인터뷰, 워크숍 등의 산출물을 정제하여 담았다.

요즘 것들과 일하는 기성세대에게

이 책은 크게 4장으로 구성되었다. 1장 "왜 요즘 것들을 알아야 할까"에서는 밀레니얼세대를 왜 주목해야 하는지 생각해본다. 2장 "요즘 것들 뒷조사"에서는 기성세대와 밀레니얼세대의 특성을 알아본다. 3장 "통하고 싶습니까"에서는 밀레니얼세대 직원과 효과적으로 소통하는 방법을 찾아본다. 4장 "요즘 것들과 함께 일하기"에서는 밀레니얼세대 직원과 일터에서 함께 일하기 위한 방법에 대해서 살펴본다. 이 책은 밀레니얼세대에 대한 이해와 해석을 높이기 위해 그들이 보이는 전형적인 특징을 일반화하고 그에 맞춰 적용가능한 해결책을 제시했다. 따라서 예외적인 특정 밀레니얼세대에게까지 적용하는 데는 분명 한계가 있을 수밖에 없다.

아무쪼록 이 책이 사회와 조직의 각 분야에서 밀레니얼세대와 함께 일하고 소통하는 모든 사람들에게 도움이 되었으면 한다. "타인을 알고 자신을 알면 백 번 싸워도 위태롭지 않다(知彼知己 百戰不殆, 지피지기 백전불태)"라는 손자의 얘기처럼 밀레니얼세대에 대한 이해를 높이는 계기가 되기를 바란다. 밀레니얼세대를 알면 알수록 깨닫게 되는 것이 있다. 그것은 그들을 이끄는 사람이 되려면 기존 관리자가 맡은 역할과 책임의 수준과 범위를 넘어서야 한다는 사실이다. 기성세대가 밀레니얼세대를 지혜롭게 이끌기 위해서는 이해와 아량을 더 넓혀야 한다. 그래서 필자는 어설프게 기성세대 편에 서기보다는 밀레니얼세대 입장에서 기성세대에게 경각심을 일깨우고자 노력했다.

이 책이 세상에 나오기까지 많은 분의 도움이 있었다. 원고에 정성껏 피드백해주신 IGM세계경영연구원의 권상술 부원장님과 이윤정 연구원님, 좋은 아이디어로 도움을 준 휴넷의 윤민수 수석님, 냉철한 조언을 아끼지 않은 인생의 친구 온누리교회 정한상 집사와 그 아내 김민경 집사, 독서의 중요성을 일깨워준 교육농사꾼 한정광 선배, 정성 어린 의견을 주신 자산관리공사 김인규 팀장님, 출간 방향을 함께 고민해주신 플랜비디자인 최익성 박사님과 진로와소명연구소 정강욱 소장님, 기도로 도와주신 가나안교회 김승광 목사님께 감사의 마음을 전한다. 특히 같은 교회 학생회의 김진언 교사에게 고마움을 전하고 싶다. 이 책의 초기 콘셉트를 함께 고민하고 밀레니얼세대의 입장에서 좋은 의견을 내고 자료 수집을 도와주었기에 여기까지 올 수 있었다. 그리고 묵묵히 지원해준 사랑하는 아내, 집필을 핑계로 함께 할 시간이 부족했던 두 딸에게 고마움과 미안함을 전한다.

특별히 지면을 빌어 감사드리고 싶은 분이 있다. 수줍음 많던 중학생 시절 필자에게 진심 어린 칭찬을 아끼지 않으셨던 윤경 국어 선생님이다. 그분이 일으킨 작은 칭찬의 파장은 시간이 갈수록 더 큰 파문이 되어 필자의 인생항로에 영향을 주었다.

마지막으로 고향에 계신 부모님께 누구보다 감사드리며, 필자의 인생을 송두리째 바꾸신 하나님께 모든 영광을 돌린다.

2017년 12월
허두영

CONTENTS

3 통하고 싶습니까

4 요즘 것들과 함께 일하기

1 ——

왜 요즘 것들을

알아야 할까

세상 속
요즘 것들

기성세대가 더 힘들었다?

밀레니얼세대의 부모세대인 베이비붐세대는 가난하지는 않으나 현금 없이 은퇴하는 첫 세대다. 최근 아웃도어 시장의 붐을 이끌었던 세대인 이들은 치열한 경쟁 가운데 성장한 세대이자, 가난을 대물림하지 않기 위해, 악다구니 삶을 통해 성실이라는 가치를 실천한 세대이기도 하다. 그 메아리로 태어난 밀레니얼세대는 성실이라는 부모세대의 가치를 최고로 여기며 자랐다. 착하고 성실하게 살면 반드시 성공할 것처럼 말이다.

아직도 선명하게 기억하는 필자의 추억이 있다. 초등학교 3학년쯤이었다. 몸살이 심해서 도저히 등교할 수 없는 상황이었다. 하지만 어머니께서는 몸살에 걸린 자식을 등에 업고 몇 킬로미터나 되는 먼 거리를 걸어 학교로 가셨다. 그러고는 담임선생님께 인사하고 조퇴 처리한 뒤 다시 나를 업고 집으로 돌아오셨다. 학창시절 12년 개근은 어머니께서 물려주신 성실이라는 값진 유산이 맺은 결실이었다. 밀레니얼세대도 이와 마찬가지로 어려서부터 부모에게서 성실이라는 가치를 교육받았다.

그들은 그야말로 시키는 대로 성실하게 부모가 만들어놓은 세상에 길들었다. 호기심으로 가득한 학창시절을 미래에 대한 희망고문으로 보내고, 자유롭게 누릴 수많은 시간을 학원, 과외, 야간자습, 선행학습 등으로 소비해야 했다. 그러나 이렇게 참아낸 밀레니얼세대가 맞이한 현실은 기성세대가 겪었던 것보다 훨씬 더 가혹하다. 사상 최악의 고용여건으로 취업은 하늘의 별 따기이고, 어렵사리 입사해도 산업화 시대에 머물러 있는 조직문화, 구조, 제도 때문에 힘들다. 시대가 바뀜에 따라 요구되는 가치도 변했다. 기성세대가 더 힘들었다고 말할지도 모른다. 그렇다면 밀레니얼세대를 모르는 것이다. 그들을 제대로 이해할 필요가 있다.

부모세대보다 못사는 첫 세대

영국 〈가디언〉지는 2016년 3월 기사에서 밀레니얼세대를 "서구 역사상 처음으로 부모세대보다 나빠진 여건에서 살아가는 세대"라고 규정했다. 노스웨스턴대 석좌교수인 로버트 고든은 "인류 역사상 이례적이었던 경제성장 시기(1870~1970년)는 끝났다. 오늘날 미국 젊은이들은 부모세대보다 생활수준이 떨어지는 첫 번째 세대가 될 것이다"라고 강조했다. 우리나라의 상황도 마찬가지다. 최근 50년 동안의 경제성장률을 세계 평균과 비교해보면 더 와닿는다. 2000년까지 10%를 넘나들다가 지금은 세계 평균에도 못 미치는 수준이다. 밀레니얼세대는 기성세대들이 직장생활을 하며 누렸던 좋은 시절을 기대하긴 힘들다. X세대가 취업할 시기에 겪은 IMF 때보다 더 어렵다.

통계청의 최근 조사도 이를 뒷받침한다. "자식세대가 우리보다 잘 살 것 같은가?"라는 질문에 '그렇지 않다'는 응답이 2006년보다 2배 이상 높아졌다. 도대체 원인이 무엇일까? 통제 불가능한 변수 등 다른 이유는 차치하고라도 필자가 중요하게 꼽는 이유는 다음의 세 가지다.

첫째, 기성세대의 이기심이 문제다. 후손에게 환경오염, 양극화 그리고 지역, 남북, 세대 등 각종 갈등의 해결이라는 과제를 떠넘기고 있다. 부모세대에 해결해야 할 과제를 자식세대로 책임 전가하고 있는 것이다. 예를 들어 정년연장은 자식세대의 일자리 창출과 상충(Trade off)하는 제도로서 밀레니얼세대에게 고스란히 부담으로 돌아갈 것이다.

둘째, 교육철학이 문제다. 교육을 가정이 아니라 학교나 학원에서 하는 것을 당연하게 여긴다. 가정교육은 물론 공교육마저 제 기능을 하지 못하고 사교육에 의존하는 것이 현실이다. 정부를 탓할 것이 아니라 부모가 자녀교육 철학을 곧게 세우고 교육의 일차적 책임을 가정에서 져야 한다.

셋째, 단기적으로는 청년실업이 문제다. 20~29세 인구는 1994년 이후 줄곧 줄어들었으나 2014년부터 증가세로 전환되었다. 향후 5년간 매년 약 20만 명의 밀레니얼세대가 노동시장에 진입한다. 하지만 일자리는 급감하고 있다. 이런 와중에 4차 산업혁명도 절대 달갑지만은 않다. 기술이 발전할수록 일자리는 더 줄어들지 않겠는가?

요즘 것들의 서울 탈출기

전월세난, 일자리 축소, 물가상승 등으로 '서울 엑소더스(Seoul Exodus)' 현상이 가속화되고 있다. 2017년 3월 기준 주민등록상 서울시 인구는 992만 6,968명으로, 1988년 처음 인구 1,000만을 넘은 이후 28년 만인 2016년 5월 처음으로 1,000만이 무너졌다. 2016년 서울을 빠져나간 순유출 인구는 140만 명으로 전국 17개 시·도 중 최대치를 기록했다. 순유입을 보인 시·도는 세종(13.2%), 제주(2.3%), 경기(1.1%) 등의 순이었다. 한편 '2015 인구주택총조사 표본 조사결과'에 따르면 수도권 순유입인구는 1970년 이후 처음으로 순유출로 전환됐다. 서울과 비교할 때 경기도 인구는 1,275만 3,983명으로 꾸준히 상승하고 있다. 여기에는 경기도에서 가정을 꾸린 밀레니얼세대가 상당수 포함되었을 것으로 보인다.

밀레니얼세대의 서울 탈출현상은 몇 년 전 경기도 남양주시 진접읍으로 거처를 옮긴 필자의 지인을 통해서도 확인할 수 있었다. 지인이 사는 아파트 대부분의 가정이 어린 자녀를 둔 밀레니얼세대와 X

세대다. 남편은 상당수 사업에 종사하고 아내는 가정주부가 대부분이다. 그곳 주민들에게 가장 큰 문제는 자녀교육이다. 이들은 초등학교 고학년이 되면 대안학교, 국제중학교, 필리핀 유학 등 다양한 경우의 수를 놓고 고민한다. 대체로 직장이 서울에 있으며 경제적 여력이되면 언제든 서울로 가고 싶어 한다. 이렇듯 밀레니얼세대의 상당수는 주거비 부담을 감당 못 해서, 즉 빈약한 경제력 때문에 서울 바깥으로 내쫓기고 있다.

밀레니얼세대의 상당수가 주거 빈곤층이라는 사실은 비단 우리나라만의 현상이 아니다. 2016년 3월 영국 여론조사업체(Ipsos MORI)가발표한 자료에 따르면, X세대(1966~1979년생 기준)와 Y세대(1980년대 이후 출생 기준)의 74%가량이 평생 집을 살 수 없을 것으로 여긴다. 캐나다 통계청에 따르면 2015년 밴쿠버에 거주하는 18~24세 젊은이의수가 884명 증가하는 데 그쳤다고 한다. 이는 순증인구로는 역대 최저다. 반면에 25~44세는 1,300명 감소했는데 2007년 이후 최대 감소폭이라고 한다.

젊을 때는 다 도전적이고 창의적이지 않나

밀레니얼세대처럼 젊은 세대는 누구나 기성세대보다 창의적이고 도전적이며 권위를 부정하는 특성이 있다. 혹자는 이렇게 얘기한다. "누구나 젊었을 때는 다 그런 것 아닌가?"라고. 하지만 젊다는 것 외에 다른 이유도 있다. 밀레니얼세대를 특징짓는 이유는 크게 세 가지 관점에서 생각해볼 수 있다.

첫째, "그 또래들은 다 그래." 즉 또래집단(Cohort) 효과 때문이다.

비슷한 시기에 태어난 또래집단은 역사, 사회, 문화적 경험이 유사하기 때문에 그들만의 고유한 특성이 있다. 밀레니얼세대 역시 또래끼리 서로 비슷한 특성을 보인다.

둘째, "젊을 때는 누구나 다 그렇지." 즉 나이(Age) 효과 때문이다.

사람은 나이와 생애주기에 따라 특성이 다르다. 누구나 젊을 때는 다 혈기가 넘치고 기성세대보다 진보적인 모습을 보인다. 밀레니얼세대뿐 아니라 다른 세대도 젊은 나이에는 유사한 특징을 보인다.

셋째, "그때 같은 상황을 겪은 사람이면 다 그래." 즉 기간(Period) 효과 때문이다.

나이와 상관없이 특정한 기간에 같은 사건이나 상황을 겪은 사람이면 누구나 공통적인 특징을 보인다. 밀레니얼세대뿐 아니라 동일한 시기에 똑같은 상황을 겪은 사람은 비슷한 특성을 지닌다.

이상의 세 가지 이유가 밀레니얼세대의 고유한 속성을 만들어낸다.

요즘 것들의 각양각색 별명

요즘 것들을 일컫는 말은 정말 많다. 밀레니얼세대라는 용어도 그중 하나일 뿐이다. 이 외에도 Y세대, N세대, 테크세대, 구글세대, 에코부머, M세대, Me Me Me세대 등 실로 다양하다. 밀레니얼세대라는 용어는 미국의 작가 윌리엄 스트라우스와 닐 호위가 1991년 출간한 《세대들, 미국 미래의 역사》에서 처음으로 소개되었다. 이 책에서는 밀레니얼세대를 '지역사회와 세계의 공공복지에 관심이 많은 시민'으로 표현했다. Y세대는 2000년, 즉 Y2000에 주역이 될 세대를 일컫는 말로 1997년 미국에서 생겨났다. 세계적 보험사 중 하나인 푸르덴셜이 미국 청소년을 대상으로 지역사회 봉사활동 실태조사 보고서를 작성하면서 처음으로 이 용어를 사용했다. N세대는 사회학자인 돈 탭스코트가 《디지털 네이티브》에서 처음 사용하였다. 디지털 기술 특히 인터넷을 자유자재로 쓰면서 가상공간을 생활의 주 무대로 삼아 디지털 라이프를 누리는 세대를 지칭한다. N세대의 특징은 수동적인 정보 소비자가 아니라 능동적인 참여자라는 점이다. 책 제목처럼 '디지털 원주민'이라는 의미에서 '디지털 네이티브'라고도 불린다.

아울러 그린(Green)과 글로벌(Global)의 머리글자를 활용해 건강하고 글로벌 지향이라는 의미에서 G세대라고도 부른다. 한때 모바일에 익숙한 내 맘대로 세대라는 뜻에서 M(또는 Me)세대라고도 칭했다. 최신 정보통신기술에 익숙해서 테크세대, 인터넷을 끼고 사는 1993년 이후 태어난 세대로 제한해 구글세대라고도 한다. 부모세대인 베이비부머의 메아리(Echo)로 태어난 세대라고 해서 에코부머(Echo-boomer) 내지는 에코세대라고 하기도 한다. 요즘 것들을 부르는 단어가 이렇듯 다양한 것은 우연이 아니다. 그만큼 기성세대가 이들을 바라보는 시선이 다양하기도 하고, 이들이 카멜레온처럼 여러 색깔을

지녔기 때문이다.

이상 소개한 이름들로 우리나라 요즘 것들을 설명할 수 있을까? 공자는 《논어》의 〈자로〉편에서 "이름이 바르지 않으면 말이 순조롭지 않고, 말이 순조롭지 않으면 하는 일이 이뤄지지 않는다[1]"라고 했다. 이름을 짓는 데는 더 신중할 필요가 있다. 이름은 함부로 짓지 말아야 한다. 이름대로 되기 때문이다. 이왕이면 요즘 것들에게 힘이 될 긍정적인 메시지가 담긴 이름을 붙여주는 것이 낫지 않을까? 이 부분은 '요즘 것들의 DNA'에서 자세히 소개한다.

고령사회의 부양 부담을 져야 하는 요즘 것들

2017년 5월 우리나라는 고령사회로 진입했다. 2000년 고령화사회로 진입한 지 17년 만이다. 프랑스는 115년, 미국은 73년, 독일은 40년, 일본은 24년 걸렸다. 통계청은 2032년이면 우리나라가 초고령사회에 진입하리라 예측한다. 참고로 유엔(UN)에서는 한 나라의 만 65세 인구가 7%를 넘으면 고령화사회, 14%를 넘기면 고령사회, 20%가 넘으면 초고령사회로 분류한다. 급한 국민성만큼이나 고령화 속도도 빠르다.

한국인의 기대수명도 늘어났다. 2014년 OECD 통계를 기준으로 보면 한국인의 기대수명은 OECD 평균 80.8세보다 높은 82.2세다. 1960년에 52.4세였던 것에 비해 54년간 30세가 늘어난 셈이다. 한

세대를 보통 10년이라고 보았을 때, 1960년에 비하면 없었던 세대가 3개나 생긴 꼴이다. 이는 15세에서 64세까지에 해당하는 생산가능인구가 감당해야 할 생계부담이 그만큼 늘어난 것을 의미하기도 한다. 문제는 생산가능인구가 2016년 3,764만 명을 정점으로 급속히 감소하고 있다는 점이다. 또 만 65세 고령인구가 만 14세 미만의 유소년 인구를 추월했다. 생산가능인구에 해당하는 밀레니얼세대의 부양 부담은 점차 가중될 수밖에 없다. 빨라진 고령화시계를 인위적으로 늦출 수는 없다. 전혀 다른 인생궤적을 그리며 살아온 각 세대는 이제 상생 화합의 방안을 모색해야 한다.

나만 모르는
요즘 것들

4차 산업혁명과 요즘 것들

요즘 '4차 산업혁명'처럼 뜨거운 단어가 또 있을까? 클라우스 슈밥 세계경제포럼 회장이 처음 이 단어를 소개한 것은 2016년 1월이다. 실체에 대한 일부 논란은 차치하고라도 4차 산업혁명의 파급효과는 엄청나다. 이 거대한 변화에 지혜롭게 잘 대처하기 위해서는 그 실체와 본질을 알아야 한다. 4차 산업혁명이라고 하면 주로 인공지능(AI), 사물인터넷(IoT), 자율주행자동차, 3D프린터, 드론 등의 기술을 떠올린다. 하지만 4차 산업혁명의 본질은 기술 발전으로 무료 수준의 좋은 자원이 지천에 널리게 되었다는 것이다. 달리 말하면 '소유'에서 '사용'으로 트렌드가 바뀌었다는 뜻이다. 이제 기업은 비싼 비용을 들여가며 인재를 고용할(buy) 필요 없이 업무 수요에 따라 필요한 인재를 인재플랫폼을 활용해 주문형 직원(SOD: Staff On Demand)을 빌려서(borrow) 쓰면 된다. 이는 긱 이코노미(Gig Economy)라고 불리면서 새로운 고용 트렌드가 되고 있다.

휴대폰을 예로 들어보자. 예전에 고향에 계신 부모님과 전화할 때면 당신은 "전화세 많이 나온다. 얼른 끊자"라는 말씀을 버릇처럼 하셨다. 그 시절에는 시외통화를 길게 할 수 없었고 국제전화는 꿈도 꾸지 못했다. 요즘은 어떤가? 해외여행 중인 친구와 문자메시지를 주고받는 것은 물론 영상통화도 공짜로 할 수 있는 세상이다. 이러한 현상을 표현한 단어가 바로 세계적인 경제학자 제레미 리프킨이 얘기한 '한계비용 제로 사회'다. '공유 경제'라는 용어도 비슷한 맥락이다. 이젠 도처에서 공짜로 얻을 수 있는 자원을 융합하고 연결하는 창의력만으로도 멋진 기업을 일굴 수 있다. 에어비앤비나 우버택시처럼 말이다.

4차 산업혁명 시대의 핵심은 암기력보다는 문제해결 능력과 관계 역량이다. 개인역량보다는 조직역량, 성실보다는 핵심역량, 연구개발(R&D)보다는 연결개발(C&D)이 요구된다. 이제 개인은 자신의 직업이 사라질 직업인지 따져봐야 하고, 기업은 5년 또는 10년 후에도 지금의 비즈니스 모델이 유효할지 살펴야 한다. 정부는 4차 산업혁명의 주체가 민간부문임을 명확히 인식해야 한다. 정부의 역할은 규제 완화와 창업 생태계 조성 정도면 충분하다. 이스라엘처럼 기술력을 갖춘 스타트업 회사를 발굴하고 행정 및 재정적 지원을 늘리려는 실질적 노력을 기울여야 한다.

그렇다면 4차 산업혁명을 이끌어갈 진짜 주인공은 누구일까? 밀레니얼세대라고 일컬어지는 '요즘 것들'이다. 4차 산업혁명 시대에 최적화된, 역사상 가장 스마트한 세대이기 때문이다. 4차 산업혁명과 유전자적으로도 유사한 점이 많다. 그중 다섯 가지 주요 특징을 정리해보자.

첫째, 개방성(Openness)이다. 새로운 경험이나 혁신에 대해 거부감이 적고 다름과 새로움에 대한 수용성이 높다. 이것이 가능하려면 실패를 용인하고 자율적으로 의사소통하는 수평적인 문화가 전제되어야 한다. 엄마나 친구 등과 수평적인 의사소통에 익숙한 요즘 것들에게는 열린 문화가 편하다.

둘째, 속도(Speed)다. 클라우스 슈밥 회장은 "큰 물고기가 작은 물고기를 잡아먹는 시대에서 빠른 물고기가 느린 물고기를 잡아먹는 시대로 바뀌었다"라고 얘기한다. LTE급 인터넷과 컴퓨터에 익숙한 요즘 것들은 빠른 커뮤니케이션에 능하다.

셋째, 협업(Collaboration)이다. 이는 조직 안팎의 모든 역량을 활용하는 능력으로, 명확한 목표를 공유하며 상호 신뢰와 진실성 있는 소통이 전제될 때 가능하다. 학창시절부터 팀프로젝트나 모둠활동에 익숙한 요즘 것들은 협업 전문가이다.

넷째, 민첩성(Agility)이다. 이는 완벽함보다는 신속함을 의미한다. 새로운 시도를 짧은 사이클로 빠르게 반복함으로써 최신 기술을 민첩하게 융합하여 새로운 가치를 창조하는 것이다. 요즘 것들은 빠르고 새로운 시도로 이전에 없던 소비 트렌드를 주도하고 있다.

다섯째, 혁신(Renovation)이다. 기존에 없던 것을 새로 도입하는 이

노베이션(Innovation)보다는 원래 있던 것을 새롭게 리모델링한다는 의미다. 산업혁명에서 이뤄낸 모든 지식, 기술, 성과를 연결하고 융합해서 부가가치를 창출하는 것을 뜻한다.

4차 산업혁명의 성공 유전자를 가진 세대는 요즘 것들이다. 그들의 역량과 잠재력을 충분히 발휘하도록 조직은 자유롭고 수평적인 창의 환경을 조성하는 데 힘써야 한다. 4차 산업혁명의 성패가 요즘 것들에게 달려있기 때문이다.

지금 바로 인터넷 검색창에 구글 트렌드라는 키워드를 입력해보자. 카테고리별로 2004년부터 지금까지의 트렌드를 실시간 업데이트되는 정보로 확인할 수 있다. 밀레니얼세대를 입력하면 세계적으로 밀레니얼세대에 관한 관심이 지속적으로 증가하고 있음을 금세 알 수 있다. 밀레니얼세대는 4차 산업혁명을 논의할 때 절대 빠지면 안 될 혁명의 주체세력이다.

요즘 것들에 주목하지 않으면 안 되는 이유

바로 지금 우리가 밀레니얼세대를 주목해야 하는 중요한 이유가 몇 가지 있다.

첫째, 밀레니얼세대는 이미 세계적으로 경제활동 및 소비의 주체로 급부상했다. 이들은 실제로 모든 분야에서 트렌드를 주도하고 있다. 특히 온라인에서 그들의 파워는 절대적이다. 밀레니얼세대의 국내 인구를 보면 2017년 1월 기준으로 우리나라 전체 인구의 28%에 이른다. 이는 생산 가능인구(15~64세)의 38.4%에 해당한다. 적어도 그중 60~70%가 이미 경제활동을 한다. 따라서 요즘 것들의 소비 특성과 성향 파악은 기업 비즈니스 성공의 필수조건이 되고 있다.

둘째, 우리나라 대부분의 조직은 요즘 것들을 맞이할 준비를 전혀 못하고 있다. 선진국들과 비교해 기성세대 중심의 폐쇄적이고 유연하지 못한 조직문화, 업무환경, 시스템은 조직 변화와 성장에 큰 걸림돌이다. 정말 심각한 수준이다. 요즘 것들이 협업하고 자율적으로 일하도록 상명하복의 문화를 없애고, 실패를 격려하는 창의적 환경을 구축하는 것이 절실하다.

셋째, 불과 10년 후면 요즘 것들이 조직 구성원의 대부분을 차지하게 된다. 또한 이들은 4차 산업혁명을 주도하게 될 것이다. 기성세대는 이들에게 서둘러 바통터치해야 한다. 우물쭈물할 시간이 없다. 4차 산업혁명의 총성은 이미 울렸다.

넷째, 서양과 비교할 때 요즘 것들에 대한 우리나라의 관심과 연구가 너무 부족하다. 밀레니얼세대와 관련한 기업, 대학, 연구소 등 각계의 연구는 물론 시중에 관련 국내 서적들의 씨가 마른 상황이다.

그들이 소비하면 트렌드가 된다

미국에서는 이미 밀레니얼세대가 베이비부머를 능가하는 최대 소비

충으로 성장하고 있다. 2015년 미국의 밀레니얼세대 노동 인구는 이미 베이비부머세대를 넘어섰다. 2020년에는 절반 수준을 넘어설 것으로 내다보고 있다. 2020년에는 밀레니얼세대의 소비가 미국 전체 소비의 1/3을 차지할 것으로 예측된다. 그리고 향후 20년간 부모세대의 재산 약 20조 달러가 밀레니얼세대에 상속될 전망이다. 이는 미국 역사상 가장 큰 규모의 상속이다.

밀레니얼세대 인구의 증가는 그대로 구매력 성장으로 이어질 것이다. 이렇게 되면 기성세대와는 전혀 다른 패턴을 보이는 밀레니얼세대가 소비시장의 판도를 완전히 뒤집는다. 이미 미국을 비롯해 세계적으로 밀레니얼세대의 수요를 선점하기 위한 총성 없는 전쟁이 치열하게 벌어지고 있다.

우리나라 밀레니얼세대의 현황은 어떨까? 2017년 1월 기준 한국의 밀레니얼세대(1980~2000년생)는 고등학교 2학년인 18세부터 38세까지다. 이들 인구는 주민등록 기준으로 1,449만 4,242명에 이른다. 보스턴컨설팅 그룹에 따르면 우리나라 밀레니얼세대의 소비 인구는 2017년 현재 23%지만, 2025년에는 46%에 이를 것이라고 한다.

나홀로족의 증가로 인한 편의점의 1인 상품 매출 증가, 600만 명을 넘어선 마라톤 인구의 증가, 가성비를 고려한 똑실(똑똑하고 실속 있는) 소비, 현재의 삶에 충실한 욜로(YOLO) 라이프의 증가, 드러그 스토어의 인기, 제2의 집이라고 불리는 카페의 확산, 간편 결제를 통한 시간 절약형 소비 등 이미 우리나라에서도 밀레니얼세대가 소비 트렌드를 실질적으로 주도하고 있다. 은행업계에 지각변동을 일으킨

카카오뱅크의 가입자 또한 3분의 2가 20, 30대 밀레니얼세대였다.

요즘 것들이 몰려온다

최근 공공, 민간부문 할 것 없이 밀레니얼세대가 조직에 밀려들고 있다. 이미 민간부문에서는 과장급 중간관리자까지 밀레니얼세대가 차지하고 있다. 업종에 따라서는 구성원의 50%가 넘는 곳도 적지 않다. 얼마 전 한 인테리어 디자인회사를 인터뷰한 적이 있다. 이 회사는 업종 특성상 인적 구성측면에서 젊은 것이 특징이다. 임원이 된 밀레니얼세대도 있다. 이 회사의 세대별 분포를 확인해보니 전체 직원의 50% 가까이가 밀레니얼세대였다. 이 회사 임원과 인터뷰하면서 밀레니얼세대 때문에 겪는 고충을 확인할 수 있었다.

최근에 입사한 한 직원이 출근하기로 약속한 날 아무 연락도 없이 나오지 않았다고 한다. 어렵게 통화가 되어서 이유를 들어보니 일이 맞지 않아서라는 답이 대수롭지 않게 돌아왔다. 많은 조직이 이와 비슷한 고민을 토로한다. 이 회사의 또 다른 고민은 세대별 역할에 관한 것이었다. 프로젝트나 업무 수행 시 세대 간에 서로 기대하는 역할이 아주 달랐는데, 예를 들면 허리 역할을 해야 할 X세대가 제 역할을 못하고 있었다. 그들이 밀레니얼세대와 소통하고 일하는 법을 몰라도 너무 몰랐기 때문이다.

이미 어지간한 조직에서는 과장급까지 밀레니얼세대로 채워졌다.

미국은 밀레니얼세대가 기업 내 1/3을 차지한다. 2025년까지 이 비율은 75%로 늘어날 것으로 전망된다. 우리나라의 상황도 별반 다르지 않다. 하지만 우리나라의 조직과 기성세대는 밀레니얼세대가 어떤 특성을 가졌는지 전혀 파악하지 못할뿐더러 이들을 맞이할 준비마저 되어있지 않다. 이로 인해 이미 계산할 수 없을 만큼 어마어마한 비용을 치르는 중이다.

우리는 곧 그들에게 핸들을 뺏긴다

기성세대와는 너무도 다른 DNA를 가진 세대가 빠른 속도로 사회를 지배해간다. 최근 인터넷 도메인 등록업체인 고 대디와 모라 컨설팅이 공동 조사한 결과에 따르면, 밀레니얼세대 전체 응답자의 36%가 10년 안에 자기 사업을 시작하겠다고 대답했다. 자영업자로 나서겠다는 밀레니얼세대는 50%에 달해 X세대(38%), 은퇴를 앞둔 베이비붐세대(21%)를 크게 넘어선다. 이들은 자율적 의사결정과 유연한 시간 사용을 개인사업체 설립의 핵심 이유로 들었다.

　우리는 어떤가? 다음 도표를 보면 밀레니얼세대가 어떻게 조직을 잠식해나갈지 실감할 수 있다. 불과 10년도 안 돼 밀레니얼세대의 연령이 30~50세에 다다르면 조직 대부분을 차지하게 된다. 이미 그들의 세상이 오고 있다. 마음의 준비조차 안 된 상황에서 언제 그들에게 핸들을 빼앗길지 모른다.

사회변동과 세대별 인생 항로 - 2025년 기준[2]

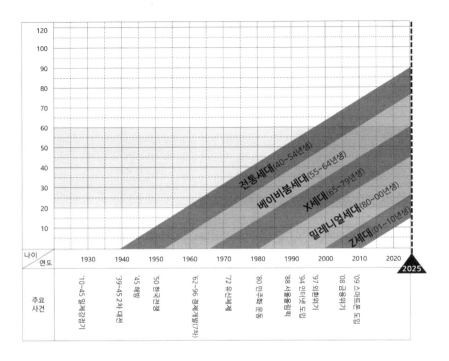

이미 늦었다, 더 늦기 전에 알아야 한다

이미 수년 전부터 미국, 독일을 비롯한 선진국에서는 밀레니얼세대에 대해 활발히 연구해왔다. 예를 들어 미국에서는 2009년부터 매년 다른 주제로 밀레니얼세대를 연구하는 '밀레니얼 임팩트 리포트'라는 보고서를 낸다. 미국 내 밀레니얼세대와 그들의 공익활동에 대해 가장 통합적으로 분석하는 이 보고서는 밀레니얼세대의 기부, 자원

봉사 및 공익활동 참여와 인식에 대한 다각적인 연구를 다룬다. 또한, 세계적 컨설팅 펌인 딜로이트에서는 매년 '밀레니얼 서베이'를 진행한다. 이 서베이에서는 기업에 종사하는 밀레니얼세대의 생각과 지향에 대한 의미 있는 보고서를 매년 발간한다.

현재 많은 글로벌 기업이 밀레니얼세대가 조직에 적응하고 성과를 내도록 조직구조와 환경을 혁신하고 있다. 글로벌 기업을 중심으로 많은 조직이 각종 제도의 고도화, 조직구조의 수평화, 업무환경의 유연화 및 개방화, 일하는 방식의 고도화 등 생존을 위한 변화를 도모한다. 매년 전 세계 100여 개국에서 1만 명이 넘는 인사 및 교육전문가가 참석하는 세계 최대의 인적자원 콘퍼런스가 열리는데, 최근 10년이 넘게 빼놓지 않고 다루는 테마가 바로 밀레니얼세대이다. 이는 많은 글로벌 조직 및 연구기관에서 밀레니얼세대에 지대한 관심을 두고 있음을 방증한다. 상대적으로 밀레니얼세대에 대한 우리나라의 관심과 연구는 턱없이 부족하다.

나의 세대공감지수는

여기서 잠깐 쉬어가자. 밀레니얼세대에 대한 나의 공감 수준은 어느 정도일까? 세대공감지수는 평소 조직에서 밀레니얼세대 직원들과 얼마나 소통하고 공감하는지 측정하기 위한 것이다. 평상시 자신의 모습을 생각하면서 솔직하게 진단해보자. 함께 일하는 구성원들에게 자신에 대한 진단을 부탁해서 결과를 확인해보면 더 의미가 크다. 각 문항에 다 응답했으면 100점 만점으로 환산한다. 점수를 합산해서 80점이 넘는다면 당신은 훌륭한 세대공감능력을 갖춘 사람이다. 점수가 낮아도 괜찮다. 스스로의 세대공감 수준을 인식하는 것만으로도 의미가 있다. 혹시라도 지금 책을 덮으려고 한다면 너무 이르다. 지금부터 노력하면 된다. 책의 본론이자 핵심인 밀레니얼세대의 특징 그리고 그들과 소통하며 일하는 방법과 노하우에 관한 이야기는 아직 하지도 않았다.

나는 요즘 것일까, 옛날 것일까

다음 세대인식지수는 세대의 특징을 구분하는 10가지 항목, 20개 문항으로 구성했다. 당신은 과연 기성세대처럼 사고하는지, 요즘 세대를 이해하려고 하는지 본인의 성향을 확인할 수 있다.

　세대인식지수는 개인은 물론 팀이나 부서 등 조직차원에서 실시해보면 해당조직 단위별로 세대 간 인식 수준을 확인할 수 있다. 나에 대해 타인은 어떻게 생각하는지 확인해본다면 더 의미 있는 성찰의 기회가 될 것이다. 특히 후배 직원의 피드백에 주의해야 한다. 수십 년 동안 리더십을 연구한 결과, 리더십을 평가하는 데 최적의 위치에 있는 사람은 그 리더의 리더십을 경험한 후배 직원으로 나타났다.

세대공감지수 진단

매우 아니다 1점, 아니다 2점, 보통이다 3점, 그렇다 4점, 매우 그렇다 5점

문항	점수				
1. 그들의 언어와 소통방식을 분석한다.	1	2	3	4	5
2. 빠르게 피드백하고 연결을 돕는다.	1	2	3	4	5
3. 소통채널을 다변화하고 든든한 멘토가 되어 후원한다.	1	2	3	4	5
4. 자유로운 소통을 통해 동등하게 대우한다.	1	2	3	4	5
5. 명분과 함께 구체적으로 설득하고 칭찬한다.	1	2	3	4	5
6. 수시로 대화하며 삶을 경청한다.	1	2	3	4	5
7. 결과에 대한 평가나 질책보다 코칭하고 피드백한다.	1	2	3	4	5
8. 직원들이 새로운 도전을 주저하지 않는 업무환경을 조성한다.	1	2	3	4	5
9. 직원들 간 협업분위기를 조성한다.	1	2	3	4	5
10. 직원의 성장과 재미있는 업무 분위기를 도모한다.	1	2	3	4	5
11. 업무의 효율화를 위해 늘 고민한다.	1	2	3	4	5
12. 직원들과 명확한 공통의 비전을 공유한다.	1	2	3	4	5
13. 직원들이 일과 삶의 균형을 유지하도록 지원한다.	1	2	3	4	5
14. 직원들이 프로의식을 갖고 일하도록 돕는다.	1	2	3	4	5
합계	( )				
총점(합계÷14×20)	( )/100점				

세대공감온도

- 80도 이상: 매우 뜨거움. 요즘 것들과 탁월하게 공감한다.
- 60~79도: 따뜻함. 요즘 것들과 보통 이상으로 공감한다.
- 40~59도: 미지근함. 요즘 것들과 공감하기 위해 노력해야 한다.
- 20~39도: 차가움. 요즘 것들과 공감하려는 노력이 절실하다.

세대인식지수 진단

다음 A, B 문항을 읽고 둘 중 어느 쪽에 가까운지 표시하시오.

(A에 가까우면 5점, 중간은 3점, B에 가까우면 1점)

No	A		점수				B
1	직장 근무연수가 얼마 안 되는 직원일지라도, 지적능력과 학력을 인정하고 그에 상응하는 대우를 해줘야 한다.	5	4	3	2	1	아무리 경력과 학벌이 좋더라도 직장에서는 동일한 조건에서 누구나 허드렛일부터 차근차근 배울 필요가 있다.
2	일과시간 외 개인적 삶의 영역에 대해서는 가능한 한 본인이 통제할 수 있어야 한다.	5	4	3	2	1	직장생활을 하다 보면 상황에 따라서는 조직을 위해 개인의 삶이 희생될 수밖에 없다고 생각한다.
3	젊고 능력 있다면 나이나 기수와 상관없이 언제든 승진 가능해야 한다.	5	4	3	2	1	아무리 능력이 있어도 인사고과 시 연령이나 기수가 높은 사람이 먼저 승진하도록 도와주는 게 순리다.
4	조직운영에 위계질서와 권위는 장애가 된다.	5	4	3	2	1	조직운영에는 위계질서와 권위가 중요하다.
5	일하다가 부하직원이 실수하거나 잘못할 경우, 직장상사가 이를 도와서 잘 마무리하면 된다	5	4	3	2	1	직장에서는 자신이 맡은 일은 기본적으로 스스로 꼼꼼하게 잘 마무리할 수 있어야 한다.
6	스스로 작업한 보고서에 오탈자가 조금 있더라도 관리자의 승인이 없이 고객에게 전달할 수 있다.	5	4	3	2	1	고객에게 전달되는 보고서는 회사 이름으로 나가는 것이므로, 관리자가 오탈자를 잘 검수해서 내보내야 한다.
7	회사에서 인간관계를 내 삶과 별개로 분리하고, 일을 위해 필요한 수준으로 협력관계를 관리하는 것이 자연스럽다.	5	4	3	2	1	회사에서 구성원들과 인간적으로 끈끈한 관계를 유지하고, 삶의 연장선상에서 비공식적 채널을 통해 그들과 소통하는 것이 자연스럽다.
8	직장에서의 성공은 능력에 좌우되며, 관계 구축은 일하는 데 선택 가능한 선택지 중 하나일 뿐이다.	5	4	3	2	1	직장에서 성공하려면 직장에서의 인적 관계 구축 및 관리가 필수적인 요소라고 생각한다
9	조직을 유지하는 전통을 지키는 것도 중요하지만, 환경변화에 맞춰 조직을 바꾸는 것이 더 중요하다.	5	4	3	2	1	변화도 중요하지만 지금의 조직을 있게 한 전통을 잘 지키는 일이 더 중요하다.
10	리스크를 감수하더라도 지속적으로 변화를 도모할 필요가 있다.	5	4	3	2	1	도전적으로 변화를 꾀하기보다는 장점을 살려 잘하는 것이 더 중요하다.

11	미래를 준비하기 위해 현재의 행복을 희생하는 것보다는 지금 더 경험하고 즐기는 것이 좋다.	5	4	3	2	1	불편을 감수하더라도 지금 더 참고 절약해서 미래를 준비하는 편이 낫다.
12	내 집은 필수사항이 아니며 임대해서 사는 것이 현명하다.	5	4	3	2	1	내 집은 필수사항이므로 되도록 내 소유의 집이 있어야 한다.
13	개인사정에 따라 회식이나 단체 행사에 얼마든지 빠질 수 있다.	5	4	3	2	1	직장인이라면 회식도 업무의 연장이므로, 되도록 참석해야 한다.
14	직장생활을 하더라도 개인의 삶이 더 중요하다.	5	4	3	2	1	직장생활을 하는 이상 개인의 삶도 중요하지만 조직이 우선이다.
15	신입직원이라 할지라도 업무를 수행하는 데 일의 목적과 큰 그림을 먼저 알 필요가 있다.	5	4	3	2	1	부하직원 입장에서는 선배 직원이 시키는 일은 그 목적이나 이유를 따지기 전에 일단 수행하는 것이 맞다.
16	업무지시를 할 때는 되도록 친절하고 구체적으로 내용을 전달해야 한다.	5	4	3	2	1	부하직원이 스스로 일의 맥락을 파악하도록 어렴풋하더라도 방향성만 제시하면 된다.
17	직장생활에서 혈연, 학연, 지연보다는 능력이 더 중요하다.	5	4	3	2	1	직장생활에서 능력도 중요하지만 혈연, 학연, 지연은 무시할 수 없다.
18	직장에서 출신학교 동문 모임이 생기더라도 꼭 참석할 필요는 없다.	5	4	3	2	1	직장에서 출신학교 동문 모임이 생기면 적극적으로 참여할 의향이 있다.
19	부하직원의 동기부여를 위해 질책보다는 가능한 한 잘한 일을 칭찬해야 한다.	5	4	3	2	1	항상 잘한 점을 칭찬하기보다는 때로 강한 피드백과 질책이 직원을 성장시키는 데 효과적이다.
20	업무에 실수가 있더라도 인내심을 가지고, 개선이 필요한 사항에 대해 직원이 이해하도록 구체적으로 피드백해야 한다.	5	4	3	2	1	업무에 실수가 있으면 조금 답답하더라도 직원 스스로 깨닫도록 도와야 한다.
합계			(		)		

세대인식지수

- 80점 이상: 전형적인 신세대 마인드
- 60~79점: 신세대 기질이 다분
- 40~59점: 어정쩡하게 낀 세대
- 20~39점: 꼰대 기질이 다분

세대인식지수 항목

(세대별10가지 인식 차이)

문항	1, 2	3, 4	5, 6	7, 8	9, 10
A 요즘것들	특권의식	평등주의	협력의식	업무 중심	변화
B 기성세대	의무감	서열주의	주인의식	관계 중심	안정

문항	11, 12	13, 14	15, 16	17, 18	19, 20
A 요즘것들	경험	개인성	설명	능력주의	칭찬
B 기성세대	소유	집단성	행동	연고주의	질책

너를 알고 싶어

요즘 것들의 속마음

아프니까 청춘이다? "《아프니까 청춘이다》라는 책 있잖아요? 사실 저는 그런 얘기가 듣기 싫어요. 열심히 하고 있는데 계속 더 하라는 거잖아요. 언제까지 얼마나 더 열심히 하라는 건지 모르겠어요. 우리는 진짜 아파죽겠거든요!" - 30대 초반 직장인

미래를 위해 현재를 희생하지 않는다 "기성세대처럼 집 사는 것 때문에 더 중요한 것을 포기하고 싶지 않아요. 그리고 우리는 자녀교육도 중요하지만 자녀의 삶도 중요하다고 생각해요. 저처럼 공부만 하면서 학창시절을 보내게 하기는 싫어요. 유산은 못 주더라도 많은 것을 보고 경험하게 해주고 싶어요." - 30대 중반 직장인

가장 많이 듣는 질문

Q   우리 젊었을 때는 부모들이 정말 자식들 먹여 살리는 것도 힘들었잖아요. 그래도 요즘 젊은 사람들은 살 만한 것 아닌가요?

A   경제적으로 훨씬 여유가 생긴 것은 사실입니다. 하지만 요즘 것들도 힘들기는 마찬가지입니다. 부모들의 학구열 덕에 스펙 쌓느라 학창시절도 맘껏 즐기지 못하고, 3D 업종이나 중소기업을 기피하는 것은 사실이지만 고용환경이 이전보다 훨씬 열악해진 것도 맞습니다.

2 ——

요즘 것들

뒷조사

요즘 것들의
백그라운드

나는 어느 세대에 가까울까

"세대별로 나름 뭔가 특별한 것이 있다." 세대 구분은 기본적으로 다른 세대와 차별화하고 독창성을 찾으려고 하는 의식에서 출발한다. 예를 들면 베이비붐세대의 대표 격인 '58년 개띠'라는 말에는 자부심이 숨어있는 것을 알 수 있다. 그들은 예비고사와 본고사를 거쳐 가장 높은 경쟁률을 뚫고 대학에 갔다. 그래서 스스로 똑똑하고 의식있으며, 태평양전쟁과 한국전쟁으로 전사하고 남은 사람끼리 경쟁했던 선배세대보다 낫다고 생각한다. 1980년대에 대학 정원의 확대로 대학에 더 쉽게 들어간 후배세대와 비교해서도 더 자부심을 가진다.

조부모세대, 베테랑세대라고도 하는 전통세대는 1940년에서 1954년에 태어난 세대다. 베이비붐세대는 한국전쟁 이후부터 10여 년 뒤까지인 1955년에서 1964년 사이에 태어난 세대에 해당한다. X세대는 1965~1979년 사이에 출생한 세대다. 그리고 밀레니얼세대는 1980~2000년 사이에 출생한 세대로 구분한다. 일반적으로 학계에서는(특히 국내) 밀레니얼세대 대신 Y세대라는 용어를 사용한다. 하지만 범용성, 최신성을 고려하여 이 책에서는 밀레니얼세대라는 용어로 통일했다.

세대 구분 기준
(괄호 안은 서양 기준)

구분	전통세대	베이비붐세대	X세대	밀레니얼세대
연도	1940~54년 (1926~45년)	1955~64년 (1946~64년)	1965~79년	1980~2000년

경험이 다른 세대

아랍 속담에 "사람은 부모를 닮기보다는 시대를 닮는다"[3]라는 말이 있다. 집단이 경험하는 사회 환경은 매우 다르게 나타난다. 각 세대가 성장과정에서 겪은 다양한 경험은 고스란히 세대별 특징에 반영된다. 따라서 각 세대에 대한 이해를 높이려면 시대에 대한 이해가 필수적이다. 시대별 주요 사건과 함께 세대별 특징을 살펴보면 세대에 대한 이해와 공감의 폭을 넓힐 수 있다.

전통세대, 즉 조부모세대라고 할 수 있는 세대는 요즘 세대의 인식에는 흐릿하다. 이들은 일제강점기와 6·25라는 처절한 역사를 절절히 체험했다. 이 세대의 국가관과 안보관은 이후 세대의 그것과는 비교할 바가 아니다. 빈곤과 보릿고개를 겪으면서 생존과 생계유지 자체가 현안이었기 때문에 근검절약이 몸에 배어있다.

베이비붐세대는 국내적으로 유신, 민주항쟁 등을 겪었다. 개발독재와 민주화를 경험한 세대다. 경제적으로는 고도 성장기에 직업상의 성취를 위해 생산과 노동 현장에서 피땀을 흘리며 개인생활의 희생을 감수했다. 1958년 인구가 정점일 때 출생인구 100만 명을 돌파해 '58년 개띠'라는 별칭이 생겼다. 1등이 되든지 아니면 1등의 뒤를 죽기 살기로 따라야 할 만큼 경쟁이 심했다. 경제성장, 사교육, 구조조정, 부동산 붐 등 각종 트렌드를 선도해온 이들은 여가를 주로 등산으로 보내며 전국적으로 등산복 열풍을 일으킨 장본인이기도 하다.

X세대는 고도 압축 성장의 폐해로 표출된 우리나라의 구조적 측면을 절감한 세대다. 사회·경제의 모순을 목격한 세대로 부정적인 사회의식을 지닌다. 사춘기 때 민주화의 격변기를 겪은 이들은 기성세대보다 정치·사회의식이 진보적 성향을 띤다. 인터넷 도입기에 청년기를 보내 아날로그에 대한 향수가 있으면서도 디지털 기기도 잘 다루는 디지로그(디지털과 아날로그의 합성어) 세대다.

밀레니얼세대는 기성세대들에 비교해 풍요로운 환경에서 성장했으나, 외환위기 이후 글로벌 저성장 시대를 지나면서 심각한 청년실업을 경험한 세대다. 민주화 정착 이후에 성장하여 정치에는 비교적 무관심하다. 경제적으로는 성장과 분배의 균형에 관심을 둔다. 기성세대보다 컴퓨터에 익숙한, 디지털 첨단기술이 삶 속으로 깊숙이 녹아든 세대

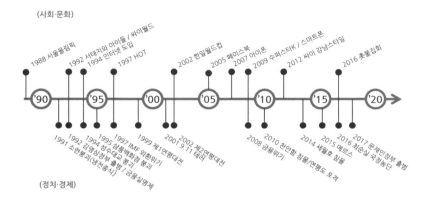

요즘 것들이 겪은 주요 사건

(사회·문화)

1988 서울올림픽
1992 서태지와 아이들 / 싸이월드
1994 인터넷 도입
1997 H.O.T
2002 한일월드컵
2005 페이스북
2007 아이폰
2009 수퍼스타K / 스마트폰
2012 싸이 강남스타일
2016 촛불집회

'90 '95 '00 '05 '10 '15 '20

1991 소련붕괴(냉전종식) / 금융실명제
1992 김영삼정부 출범
1994 성수대교 붕괴
1995 삼풍백화점 붕괴
1997 IMF 외환위기
1999 제1연평대전
2001 9.11 테러
2002 제2연평대전
2008 금융위기
2010 천안함 침몰/연평도 포격
2014 세월호 침몰
2015 메르스
2016 최순실 국정농단
2017 문재인정부 출범

(정치·경제)

다. 밀레니얼세대의 평균학력은 대졸 이상이 77%나 된다. 이는 전통
세대가 초졸(44.7%), 베이비붐세대가 고졸(43.7%)인 것과 비교된다.

이처럼 각 세대에는 지나온 삶의 이정표만큼이나 다른 인생의 나
이테가 그려져 있다. 시대별 사건에는 각 세대를 파악할 중요한 단서
가 마치 숨은그림찾기처럼 감춰져있다. 위의 도표는 밀레니얼세대를
이해할 수 있는 발자취들이다.

요즘 것들을 만든 환경

밀레니얼세대의 특성을 형성하는 데 영향을 미친 구조적인 배경을
크게 정치, 경제, 사회, 문화로 나눠서 살펴보자.

정치의 안정화(정치적 환경)

기성세대는 냉전 및 군사정권으로 이념 갈등이 심했던 시절에 주요 성장기를 보냈다. 이와 달리 밀레니얼세대의 성장기는 세계적으로 냉전의 정치적인 이데올로기가 종식된 이후다. 우리나라에서는 노태우 대통령을 마지막으로 군사정권이 막을 내리고 새로운 정부가 출범했다. 그러면서 정치이슈에서 경제이슈로 담론이 바뀌었다. 정치는 작은 굴곡은 있을지라도 점차 안정되었다.

선진국의 성장통, 저성장(경제적 환경)

밀레니얼세대가 겪은 경제이슈는 1990년대 후반 외환위기 이후 금융 및 외환시장 자율화, 자본시장 점진 개방, 기업 지배구조 투명성, 전문경영인 체제 등이다. 2000년대 민선대통령 시기에는 집단이기주의, 신자유주의 비판, 재벌규제 요구 등이 이슈였다. 2008년 금융위기 이후에는 저성장 고착화, 청년실업, 빈부격차 심화, 불평등 문제 등의 이슈로 점차 진화했다. 더 이상 기성세대처럼 열심히 그리고 성실하게 살면 되는 환경이 아니다. 오죽하면 암담한 현실을 고려하지 않고 요즘 세대에게 무조건 노력만을 강요하는 기성세대를 비꼬는 '노오력'이라는 말이 나왔겠는가? 이제 노력은커녕 노오오오력을 해도 취업하기조차 힘들다. 이미 글로벌 경제는 저성장 국면에 접어들었다. 기성세대처럼 성장을 구가하던 좋은 시절을 기대하기는 어렵다. 이처럼 어려운 상황 가운데서도 밀레니얼세대는 지역사회, 국가, 지구를 위한 의미 있는 일을 찾는다.

탈권위, 다양성, IT (사회적 환경)

권위주의적이었던 아날로그시대는 막을 내리고 밀레니얼세대에게 친숙한 컴퓨터, 인터넷 등 IT의 발달로 새로운 디지털시대가 열렸다. 하지만 2008년 금융위기 이후 이전에는 경험하지 못했던 비정상적인 상태가 지속되면서, 뉴노멀 현상(비정상을 정상으로 간주하는 새로운 표준이라는 뜻)이 일반화되었다. 청년실업과 가계부채가 늘고 빈곤이 구조화되는 현상이 발생하고 있다. 한편으로 컴퓨터와 인터넷은 밀레니얼세대의 특성에 가장 큰 영향을 미쳤다. 컴퓨터와 인터넷, 스마트 기기를 빼놓고는 그들을 설명하는 것이 불가능할 정도다. 이러한 사회 환경은 밀레니얼세대에게 기회가 되기도 하지만, 동시에 만만찮은 도전이기도 하다.

소비 여가문화, 서구화 (문화적 환경)

밀레니얼세대는 기성세대와 비교해 유소년 및 청소년기에 더 풍부한 문화를 경험했다. 그들은 사회봉사활동 의무제 도입으로 다양한 경험을 하며 소위 스펙을 관리한 첫 세대였다. 그들은 기성세대가 만들어놓은 부조리한 것들로 인해 반골기질이 몸에 배어있다. 그리고 절약이 미덕이었던 기성세대의 가치관에서 벗어나 현재의 행복을 잡으려 한다. 이러한 성향으로 그들은 소비 및 여가문화를 주도한다. 한편, 밀레니얼세대는 시야를 세계로 돌려 다양한 서구문화를 선도적으로 흡수한 까닭에 사고나 생활습관이 가장 서구화된 세대이기도 하다.

요즘 것들의 안보관과 국가관

밀레니얼세대는 잊을 만하면 한 번씩 북한의 도발을 겪었다. 연평해
전, 천안함 침몰 사건, 연평도 포격에 핵실험 및 미사일 발사까지 북
한의 도발은 그들의 생애주기 내내 끊이지 않았다. 이는 밀레니얼세
대로 하여금 강경한 대북정책을 지지하는 특성을 지니게 했다. 그래
서 '신안보세대'라고 부르기도 한다.

사실 밀레니얼세대는 진보와 보수, 좌와 우로 편을 갈라 논쟁하는
정치에는 무관심하다. 그들은 북한과의 관계나 안보에 보수적인 성
향을 띤다. 반면에 인권 등 사회적 사안에서는 진보적이고, 성소수자
문제나 문화적 가치에서는 자유주의적인 특징을 보인다.[4]

국가보안법을 유지해야 한다는 의견도 더 강하다. 흥미로운 것은
20대와 30대의 안보관에 차이가 있다는 점이다. 가치관이 형성되는
중요한 시기에 지속적인 북한의 군사 도발을 경험한 20대가 30대보
다 더 강한 안보의식을 지닌다.

요즘 것들에 대한 오해

요즘 것들은 버릇없다?

"요즘 애들은 버릇이 없다. 부모에게 대들며… 스승에게도 대든다."

기원전 425년경 그리스 철학자 소크라테스가 한 얘기다. 버릇없는 애들은 예전에도 있었다. 또 기원전 1700년경 수메르 시대에 쓰인 점토판 문자를 해독해봤더니 "요즘 젊은이들은 너무 버릇이 없다"라는 내용이었다고 한다. 요즘 것들이 버릇없는 것이 아니라 어느 시절이나 젊은것들은 다 그랬다.

요즘 것들은 이기적이다?

요즘 것들은 대접받기 원한다고 오해를 받는다. 하지만 기성세대도 젊었을 때는 다 그런 대우를 원했다. 또한, 요즘 것들이 자기중심적이고 이기적으로 보이는 것은 조직에 기대하는 요구수준이 그만큼 높고 조직에 기여하려는 욕구가 강하기 때문이다. 요즘 것들만 이기적인 것이 아니라 사실 사람은 다 이기적이다.

대면 소통보다는 온라인 소통을 원한다?

기성세대와 얘기를 나눠보면 요즘 것들은 스마트폰, 인터넷 등 온라인으로 자주 소통하기 때문에 불편할 때가 많다고 한다. 요즘 것들과 얘기해보면 온라인으로 대신할 수 있으니 굳이 직접 만날 필요가 없다고 생각할 뿐이다. 요즘 것들도 기성세대와 마찬가지로 일 못지않게 인간관계가 중요하다고 생각한다.

게으르고 패기 없고 무기력하다?

요즘 것들은 성장에 대한 욕구가 강해서 자기개발에 많은 시간을 투자한다. 그래서 그들은 바쁘다. 또 긴 시간 일하는 것을 기꺼이 받아들인다. 다만 일하는 장소가 꼭 회사일 필요는 없다고 생각한다. 그들의 업무 공간은 사무실만이 아니다. 업무 공간을 오프라인에서 온라인까지 확장했다. 24시간 온라인 상태인 요즘 것들의 특성상 퇴근 후에도 일할 가능성이 높다.

조직에 대한 충성도가 낮다?

요즘 것들에 대한 가장 큰 오해 중의 하나는 조직에 대한 충성도가 낮다는 생각이다. 인터뷰를 통해 만난 밀레니얼세대는 대부분 조직에 기여하고 싶어 하는 마음이 컸다. 이들은 업무시간 이외에도 초과 근무를 하는 것을 주저하지 않는다.

요즘 것들을
만든 요인

밀레니얼세대에게 가장 크게 영향을 미친 존재는 누구이며 또 무엇일까? 사람, 사물, 시간, 공간의 네 가지 측면으로 나누어 살펴보자.

요인1 **엄마와 친구**(사람)

기대 과잉의 헬리콥터 맘

"이미 가르쳐준 것 같은데 왜 자꾸 또 물어보는 거지?" 기성세대들이 요즘 것들과 일하면서 이해가 안 된다며 흔히 하소연하는 얘기다. 이를 이해하려면 사람의 생애주기에서 부모라는 존재가 미치는 영향을 고려해봐야 한다. 밀레니얼세대에게 부모라는 존재는 절대적이었으며 매우 특별했다. 베이비붐세대에 해당하는 부모들은 자녀에 대한 투자가 남달랐다. 베이비붐세대의 자녀 교육열은 늘 가까이에서 자녀를 보살피는 헬리콥터 맘으로 대변되었다. 밀레니얼세대는 메이비(Maybe)세대라고도 불린다. 이들이 햄릿 증후군이라는 결정 장애를 겪는 것도 과제수행, 학원, 학교, 직장, 배우자 선택까지도 깊숙이 관여하는 딸 바보, 아들 바보인 부모(특히 엄마)의 영향에 휩쓸린 바 크다. 밀레니얼세대는 가정을 벗어나 사회에서 그 역할을 대신해줄 멘토를 필요로 한다. 사회생활을 하는 밀레니얼세대는 수평적으로 소통하고 고민을 나눌 엄마와 같은 역할을 해줄 멘토를 요구한다. 이러한 맥락에서 새로운 리더십 유형인 따뜻하고 자상한 '엄마 리더십(Mom Leadership 혹은 Mothership)'이 필요하다.

엄마 리더십은 21세기가 요구하는 리더십의 한 유형이다. 요즘 젊은 세대를 대표하는 밀레니얼세대가 관리자에게 요구하는 새로운 유형의 리더십이다. 실제 남성보다 여성 리더가 리더십 역량이 높다는 흥미로운 연구가 있다. 2011년 리더십 전문 컨설팅업체인 젠거 포크만에서 16개 역량 항목별로 남성과 여성 관리자의 리더십 발휘 수준을 비교했다. 그 결과 무려 12개 역량에서 여성이 남성을 앞섰다. 나머지 4개 역량 중에서도 3개 역량은 통계적으로 유의미한 차이가 없었으며, 전략적 관점 개발 하나만 유일하게 남자가 여자에 앞선 것으로 나타났다.[5] 이제 엄마 리더십은 부인할 수 없는 대세다.

엄친아 그리고 마마보이

'엄마 친구 아들'이라는 의미의 신조어였던 '엄친아'는 한 웹툰에서 유래되었다. 1982년생인 밀레니얼세대 웹툰 작가가 엄친아라는 이름을 만든 주인공이다. 이 단어는 웹툰 〈골방 환상곡〉의 8화에 등장한다. 이 웹툰은 암기식 교육, 영어만 강조하는 우리나라 교육의 문제점을 위트 있게 꼬집는다. 여기서 엄친아의 '엄'에 해당하는 엄마가 바로 밀레니얼세대의 엄마다. 또한, 흔히 말하던 '마마보이'라는 단어도 알고 보면 밀레니얼세대를 가리킨다.

한편, 밀레니얼세대에게 아버지는 어떠했는가? 그들은 자상함과는 거리가 멀었다. 자녀의 교육을 뒷바라지하고 회사조직에 헌신하느라 바빴기 때문이다. 오죽하면 "자녀의 인생은 엄마의 교육열, 아버지의 무관심, 할아버지의 재력이 좌우한다"라는 말이 있겠는가? 밀레니얼세대 자녀에게 치열하게 사는 아버지의 모습은 자신들이 살아야 할 미래의 모습처럼 비쳤을지 모른다. 그야말로 아버지는 성실의 아이콘이었다. 밀레니얼세대는 그런 부모 슬하에서 특별한 관심을 받으면서 자녀만큼은 부족함 없이 교육해야 한다는 부모의 욕심 때문에 학원으로 내몰렸다.

연결된 온라인 동료(덕후) 집단

밀레니얼세대는 기성세대들이 친구를 경쟁자로 인식하던 것에 비하면 상대적으로 협력자로 인식한다. 친구의 범위는 현실에서 나와 인연이 있는 학교 친구나 옆집 친구 정도에 그치지 않는다. 컴퓨터, 웹, 스마트 기기를 통해 24시간 온라인으로 연결된 모든 사람을 의미하는 개념으로 확장되었다.

밀레니얼세대는 부모, 기성세대, 권위자의 의견보다는 친구나 덕후(오타쿠御宅, 한 가지를 광적으로 파고드는 사람)로 대변되는 온라인 전문가 집단의 정보를 신뢰한다. 듣고 싶은 강좌, 가고 싶은 여행지나 맛집, 사고 싶은 상품의 정보가 필요하면 친구나 연결된 덕후 네트워크를 통해 얻는다. 이들은 기성세대나 타인이 규정해놓은 틀과 가치에 순응하기보다는 자신만의 가치를 찾아내려고 한다. 또 온라인 네트워크의 느슨한 연대를 통해 자신의 의견을 표현하고 공감대를 형성한다. 우리 국민이 선호하는 뉴스 추천방식은 지인이 추천하는 것이다. 특히 밀레니얼세대에게 이러한 특징이 강하게 나타난다.

요인2 컴퓨터와 인터넷(사물)

'최신 기기, 지금도 접속 중' 밀레니얼세대의 특징에 가장 큰 영향을 미친 것 중 하나가 '컴퓨터'다. 컴퓨터는 밀레니얼세대와 아날로그세대인 기성세대의 사이에 가장 큰 차이를 만드는 것이기도 하다. 밀레니얼세대의 생애 전반에 걸쳐 컴퓨터가 어떤 영향을 미쳤는지 이해하면 그들을 더 잘 이해할 수 있다. 밀레니얼세대에게 컴퓨터는 처음엔 재미나 학습을 위한 도구였다가 점차 그 영향력이 확대되면서 사회참여의 도구이자 트렌드를 선도하는 수단으로 진화했다.

밀레니얼세대가 빠른 속도라는 특성을 보이는 데는 컴퓨터 등 IT의 영향이 크다. 그리고 이들은 말보다 텍스트(Text)에 더 익숙하다. 한편, IT의 부작용으로 휴대폰 금단 현상(No Mobile Phobia), 전화통화

자체를 부담스러워하는 전화 공포증(Call Phobia), 타인과의 다양한 사회적 관계를 피하는 관계 기피증(Social Phobia) 등 각종 공포증을 겪기도 한다.

요인3 축약된 시간, 가까워진 미래(시간)

높은 교육열을 지닌 부모, 바뀐 교육제도로 인해 밀레니얼세대는 방과 후 수업, 학원, 봉사활동 등을 하며 늘 시간에 쫓기는 유년시절을 보냈다. 기성세대의 조언대로 열심히 노력하며 살았다. 하지만 일에 쫓겨 자유시간이 없는 '타임 푸어(Time Poor)' 신세가 되어버렸다. 타임 푸어인 밀레니얼세대는 빠른 속도, 참을성 부족이라는 특징을 지니게 됐다. 그리고 미래를 위한 투자보다는 현재의 자신을 위해 투자하게 되었다. 바쁜 이들에게는 면대 면 대화나 전화보다 짧은 메시지가 더 편하고 효율적인 소통방법이다.

《타임 푸어》의 저자 브리짓 슐트는 밀레니얼세대가 오래 머무르는 조직을 만들기 위해서는 기업과 CEO가 나서서 조직을 바꿔야 한다고 강조한다. 사무실에 얼굴 비추는 시간을 측정하는 비생산적 기존 문화를 없애고, 탄력 근무를 허용해 시간적 여유를 주라고 조언한다.

요인4 넓어진 집, 좁아진 지구(공간)

하우스 푸어, 집의 재해석

기성세대는 집을 경제적인 측면에서 투자하고 소유해야 할 대상으로 생각했지만 밀레니얼세대에게 집은 삶을 즐기는 공간이다. 함께 보다는 혼자가 더 편한 밀레니얼세대에게 집은 쉬는 곳 그 이상의 의미다. 이들은 집을 다양한 콘텐츠와 활동으로 삶을 즐기는 공간으로 재해석한다. 최근 요리를 주제로 한 쿡방, 먹방 프로그램들이 유행하는 것도 밀레니얼세대의 특성과 관련이 있다. 이 밖에도 홈클래스(집에서 하는 강의), 홈캠핑, 홈뷰티, 홈트레이닝, 홈캉스(집과 바캉스의 합성어) 등 즐기는 공간으로서 집의 모습은 다양하다. 밀레니얼세대는 이처럼 집을 재해석하고 또 재탄생시키고 있다.

넓어진 디지털 세계, 좁아진 지구

밀레니얼세대들이 기성세대보다 글로벌 감각을 갖추게 된 데는 의미 있는 계기가 있다. 하나는 1989년 1월 1일부로 실행된 해외여행 자유화다. 밀레니얼세대는 기성세대가 유청소년기에 경험하기 힘들었던 해외여행이나 유학 등의 외국 체험의 기회를 더 쉽게 누릴 수 있었다. 또 하나는 1994년 6월 2일 도입된 인터넷이다. 인터넷은 밀레니얼세대가 다양한 글로벌 콘텐츠를 언제 어디서든 쉽게 접하게 하는 도구가 되었다. 이는 밀레니얼세대의 특징에 지대한 영향을 미쳤다. 덕분에 이들은 기성세대보다 글로벌 감각이 훨씬 풍부하다.

요즘 것들의
DNA

공무원 시험에 올인

최근 중국 대학가를 중심으로 불고 있는 창업열풍은 마치 미국의 실리콘밸리를 그대로 카피하려는 듯 그야말로 광풍이다. 중국의 요즘 것들은 부모의 사랑과 재력을 등에 업고, 알리바바의 마윈이나 샤오미의 레이쥔처럼 성공한 창업가로서 성장하길 꿈꾼다. 그들은 창업에 대한 동경심과 할 수 있다는 자신감으로 가득 차 있다. 우리 모습을 한번 살펴보자. 우리나라의 요즘 것들은 직장이 마치 그곳밖에 없나 싶을 정도로 공무원과 공사, 대기업 취업에 목맨다. 현재의 고용조건에 만족하지 못해 일할 생각이 없는 자발적 실업자도 아마 수백만 명은 넘을 것이다. 하지만 창업을 준비하는 젊은이는 드물다.

서울시 청년활동지원센터의 자료에 따르면 1995년 9만 8,361명이던 공시족 규모는 2016년에는 28만 5,565명으로 증가했다. 정작 시험에 합격하는 비율은 1.8%에 불과해 98.2%가 내년을 기약하며 공시촌으로 돌아와야 한다. '공시족'으로 인한 경제손실이 17조가 넘을 것으로 추산된다.[6] 꿈을 포기하고 안정을 추구하는 공시족이 늘어날수록 국가경제의 역동성은 떨어질 수밖에 없다.

우리나라 젊은이들이 선호하는 직장은 공무원, 대기업, 공기업이 월등한 비율로 수년째 큰 변화가 없다. 이는 미국의 대졸 청년들이 실리콘밸리의 유망한 벤처기업에 우선적으로 가고, 그다음에 대기업으로 가는 것과 대조된다. 미국에서는 일부 소명의식을 가진 졸업생만 공무원을 선택한다. 대부분은 창의적인 직업이나 벤처기업에 도전한다.

옆집 요셉은 창업한다는데, 너는 왜 취직하려고 하니

요즘 이스라엘에서 부모들이 취업을 앞둔 자녀에게 하는 얘기라고 한다. 창업국가로 불리는 이스라엘에는 유럽 전체보다 미국 나스닥에 상장된 회사가 더 많을 정도다. 이렇게 된 데는 다 이유가 있다. 이스라엘은 정부가 기술 분야의 기업가 정신을 키우기 위해 손실을 최대 80%까지 보전해주는 벤처캐피털 프로그램을 시행한다. 실패해도 투자자는 20%만 책임지면 되기 때문에 투자금이 계속 모인다. 이러한 이유로 아이디어가 넘치는 젊은이들이 창업에 적극적으로 나선다. 우리도 젊은이들이 도전적으로 창업하도록 실패를 용인하고, 정부의 전폭적인 지원으로 투자환경을 조성하는 일이 매우 시급하다.

지금까지의 취업시장은 마치 의자 뺏기 게임과 같았다. 그간 몇 개 안 되는 똑같은 모양의 의자를 뺏으려고 치열하게 싸웠다면, 이제는 다양한 모양의 새로운 의자를 만드는 게임으로 바꿔야 한다.

요즘 것들에게 새 이름을 붙이자

미국과 영국에는 밀레니얼세대, 일본에는 사토리(さとり: 깨닫다)세대, 중국에는 빠링허우와 지우링허우(80后, 90后: 80, 90년대에 태어난 사람), 이탈리아에는 밤보치오니(bamboccioni: 큰 말썽꾸러기 아기), 그리스에는 500유로 세대(월 500유로를 벌기도 힘든 청년), 스페인에는 니니세대(ni es-tudia ni trabaja: 공부도 구직도 하지 않는 청년)가 있다. 그렇다면 우리나라에서 이들 세대를 일컫는 말은 무엇일까?

'달관세대' 'N포세대'라는 말 정도다. 이 용어는 저성장 국면이 이어지면서 고용불안, 물가상승 등 사회경제적 압박으로 여러 가지를 포기해야 하는 청년세대를 가리키는 의미로 등장했다. 처음에는 2011년 취업, 결혼, 출산을 포기한 한국의 젊은 세대를 일컫는 '3포세대'라는 말로 등장했다. 2014년 주택마련과 인간관계까지 포기 목록에 추가되면서 5포로 확장됐다. 2015년 희망과 꿈마저 포기해야 하는 7포세대가 늘어나더니 급기야 N포세대까지 이르렀다. 듣기만 해도 우울해진다. 이들에게 새로운 이름이 필요하다. 긍정적인 의미를 담아 필자는 우리나라 밀레니얼세대를 '케세라세라세대'라고 부르고자 한다.

케세라세라세대

스페인어인 케세라세라(Que Sera Sera)는 영어로 "whatever will be, will be"다. 그동안 우리나라에서는 이 말을 주로 '될 대로 되라'라는 부정적인 의미로 해석해왔다. 원래 알프레드 히치콕 감독의 영화 〈나는 비밀을 알고 있다〉에서 여주인공 도리스 데이가 부른 주제가로 유명해진 용어이기도 하다. 이 곡의 가사를 보면 우리가 이 용어를 잘못 해석해왔다는 사실을 금방 알 수 있다.

> "내가 어린 소녀였을 때 When I was just a little girl / 엄마에게 물었죠 asked my mother / 난 커서 뭐가 될까요? What will I be? / 예뻐질까요? Will I be pretty? / 부자가 될까요? Will I be rich? / 엄마는 이렇게 말씀하셨죠 Here's what she said to me / 케세라세라… Que sera, sera…"

'케세라세라'는 "이루어질 일은 이루어진다"라는 의미다. 대한민국 밀레니얼세대를 '케세라세라세대'라고 불러보자. 그 이유는 2가지다. 하나는 요즘같이 힘든 시기에도 '이루어질 일은 이루어진다'라는 긍정적인 마인드를 가진 젊은 세대의 특징을 담고 싶어서다. 또 다른 하나는 기성세대가 요즘 젊은 세대에게 격려의 메시지를 던져주었으면 해서다.

미래학자이자 CEO인 돈 탭스코트의 《디지털 네이티브》에 나온 내용을 하나 소개하고자 한다. 미국의 코미디언 존 스튜어트가 모교인 윌리엄앤메리대학에서 2004년 졸업식 축사 때 한 얘기다. 자조 섞인 메시지가 인상적이다.

"…잠시 동안 실제 세계에 대해 생각해보죠. 나는 지금이 그 어느 때보다 살기 좋은 시기라고 생각합니다. 그런데 내가 정말로 이 시기를 어떻게 설명하면 좋을지 모르겠네요. 그냥 솔직히 말하자면 우리가 이 세상을 망쳐놨어요. 너무 어리둥절해하지는 마세요. 저는 우리가 물려받은 것보다 더 좋은 세상을 우리 다음 세대에게 물려줄 거라고 생각했어요. 그런데 죄송합니다. 여러분이 최근 뉴스를 들었는지 모르겠지만, 그런 세상은 이제 물 건너갔어요. 인터넷에서 쉽게 돈을 벌어서 무한한 제국을 만들려는 오만한 착각 속 어딘가에서 우리는 일종의 '쾅' 소리를 들었어요. 빌어먹을, 좋은 세상이 우리 앞에서 죽어버렸네요. 그래서 죄송합니다. 그래도 좋은 소식도 있습니다. 여러분이 고치면 됩니다. 여러분은 가장 위대한 다음 세대의 사람들이니까요…."

요즘 것들의 7가지 DNA

DNA는 원래 '디옥시리보핵산(Deoxyribonucleic acid)'에서 유래한 단어다. 요즘은 DNA검사를 통해서 발병할 질병의 정확한 병명과 수치까지 확인하는 세상이 되었다. 최근 할리우드 스타 안젤리나 졸리는

대한민국 요즘 것들의 7가지 DNA

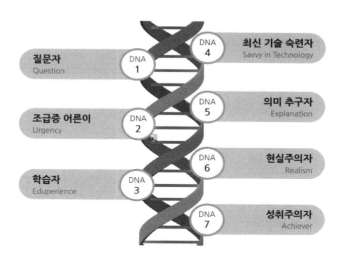

DNA 검사로 유방암에 걸릴 확률이 87%라는 것을 확인하고 유방절제수술을 해서 화제가 되기도 했다. 이제 누구라도 마음만 먹으면 간단한 유전자 검사로 피부, 탈모, 혈당 등 12가지의 기본적인 정보를 어렵지 않게 확인하는 시대다. 생물의 모든 특징을 결정짓는 설계도가 들어있는 DNA를 확인함으로써 질병에 대처할 수 있게 된 것이다. 자, 지금부터 밀레니얼세대와 어떻게 함께 일하고 소통할지 그들의 DNA정보를 몇 가지 살펴보자.

색깔로 표현하자면 아마 밀레니얼세대는 역사상 가장 다양한 색깔로 표현해야 할 만큼 특징이 많다. 그들의 특징을 7가지 키워드로 정리했다.

질문자(Question)

"그게 꼭 맞을까?"

밀레니얼세대는 질문자이다. 그들은 자유로운 감시자로서 세상에 끊임없이 질문을 던진다. 밀레니얼세대의 뇌구조 한가운데에는 '자유'라는 키워드가 자리한다. 기성세대가 만들어놓은 것을 그대로 받아들이지 않는다. 먼저 마음으로 이런 질문부터 한다. "그게 꼭 맞을까?" 이는 헬리콥터맘의 영향일 수 있다. 혹은 부족한 시간 때문에 바쁘게 살아온 탓일 수도 있고, 녹록지 않은 사회구조적인 문제 때문일 수도 있다. 이유는 다양하다. 그들의 성장환경을 보면 기성세대와 달리 의사결정 순간에 누군가가 협력해주는 환경이었다. 성인이 된 그들은 사춘기가 아닌 오춘기, 육춘기를 겪으면서 스스로 선택하고 표현하는 자유를 찾아가게 된다. 그들은 이제 누군가에게 일방적으로 지시받거나 속박되는 것이 불편하며, 자유롭고 동등한 입장에서 소통하는 것에 익숙하다.

"마치 자기가 다 안다는 듯이 굴고 자기 의견만 고집하는군." 기성세대가 밀레니얼세대에 대해 많이 하는 얘기다. 밀레니얼세대의 입장은 다를 수 있다. 그들은 기성세대가 구축한 현기증나게 하는 세상을 깔끔하게 정리하는 것이 자신의 역할이라고 본다.[7] 기성세대가 만들어놓은 부조리를 몸소 경험했기 때문에 기성세대가 만들어 놓은 가치와 룰에 대해 일단 '글쎄'라는 문제의식을 느낀다. 그들은 늘 해오던 어떤 것에 본능적으로 "그게 맞을까(Is that right)?"라는 의문을 먼저 던진다. 그리고 그것을 증명해내려고 한다. 적어도 자신은 이전과는 다르게 하려고 시도한다. 이런 모습은 기성세대에게 '반골 기질'로 비칠 수 있다.

밀레니얼세대는 현상유지보다는 비효율과 부조리에 맞서 변화와 혁신을 모색하려고 한다. 그래서 전통적인 기준과 가치에 얽매이지 않고 새롭게 도전한다. 이런 모습은 자신감이 넘쳐 보일 수도 있고, 이런 성향을 지닌 개인은 마치 눈이 높거나 특권의식이 있는 것처럼 보일 수도 있다. 그러나 이런 성향이 기업으로 향하면 정직하고 투명한 윤리적 기업을 원하는 기대로 나타난다. 이런 성향이 국가로 향하면 정의롭고 공정한 국가에 대한 열망으로 나타난다. 이로 인해 그들은 새로운 운동가와 감시자를 자청하기도 한다. 디지털 혁신가인 요즘 것들의 이러한 특징을 충분히 활용할 수 있도록 노력해야 한다. 조직에서는 그들에게 변화주도자의 역할을 맡겨볼 만하다.

조급증 어른이(Urgency)

"빨리 답글(리플) 주세요, 24시간 ON!"

X세대인 박 본부장이 프로젝트 관련 자료를 요청하자 밀레니얼세대인 김 책임은 "본부장님, 메일 확인 안 하셨죠?"라고 대답한다. 이미 메일로 자료를 보냈다는 것이다. 밀레니얼세대는 속도가 빠르다. 인터넷과 컴퓨터에서 최근 스마트 기기, SNS까지 그들의 생애주기에 영향을 미친 최신 IT기술은 빠르고 급한 그들의 속성을 특징짓는 데 한몫했다. 실제로 밀레니얼세대(주로 20~30대)의 SNS 이용률이 다른 세대보다 높게 나타난다.

기성세대에 비하면 밀레니얼세대가 원하는 것들을 얻기까지 걸리는 시간은 획기적으로 단축되었다. 영화파일 한 편을 다운로드받는 데 거의 하루가 걸리던 과거와 달리 지금은 1분이면 충분하다. 심지어 원하는 영화를 검색해 실시간으로 시청할 수 있어서 굳이 인내심을 발휘할 이유도 별로 없다.

밀레니얼세대는 성격이 급하면서도 협력적인 네트워크를 지향한다. 기성세대가 개인 과제 중심이었던 것에 비하면, 밀레니얼세대는 팀프로젝트 경험도 많고 도움을 구할 네트워크도 넓다. 혼자 끙끙대기보다는 도움받을 누군가를 찾아내서 협력을 구한다. 그렇다고 그들이 팀플레이를 자청하거나 즐긴다는 것은 아니다. 그들은 팀플레이라고 하면 진저리를 치는 세대이기도 하다. 자신에게 이득이 되거나 피할 수 없는 상황일 때 팀플레이를 하는 것이다. 팀프로젝트를 하면 다른 세대만큼 아니 그 이상으로 잘 해낼지 모른다. 그리고 밀레니얼세대는 관계 능력이 결코 낮지 않다. 단지 혼자가 더 편할 뿐이다. 기성세대보다 훨씬 글로벌한 환경에서 자랐기 때문에 다문화적 소양이 있고 글로벌 문화에 더 익숙하며 외국어능력 또한 과거보다 우수하다.

학습자(Eduperience)

"경험을 통해 학습한다."

밀레니얼세대는 경험하면서 배우는(Education+experience) 사람들이다. 런던비스니스스쿨의 태미 에릭슨 교수는 "요즘 세대는 기대수명이

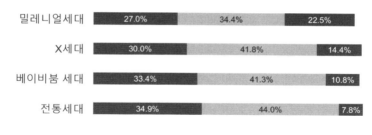

세대별 직업선택 시 중요 요인8

	안정성	수입	적성/흥미
밀레니얼세대	27.0%	34.4%	22.5%
X세대	30.0%	41.8%	14.4%
베이비붐 세대	33.4%	41.3%	10.8%
전통세대	34.9%	44.0%	7.8%

■안정성 ■수입 ■적성/흥미

120세로 늘어난 까닭에 시야가 바뀌었다"라고 했다. 즉, 밀레니얼세대
는 20대를 '실험을 위한 시간'이라고 생각하는 경향이 있다. 수명이 길
다 보니 20대에 정착하기보다는 좀 더 탐구하고, 새로운 경험을 통해
자아를 찾고 싶어 한다. 이로 인해 그들의 태도는 기성세대보다 훨씬
더 느슨하다. 어렵게 취직에 성공하더라도 쉽게 그만두는 신입사원이
늘어난 것도 이 때문이다. 이런 맥락에서 실제 밀레니얼세대는 다른
세대보다 직업선택 시 적성과 흥미를 중시하는 경향이 두드러진다.

기성세대가 '소유'하는 세대였다면 밀레니얼세대는 '경험'하는 세
대다. 다시 말해 더 많이 소유하기보다 더 많이 배우기를 원한다. 그
들은 경험으로부터 배운다. 새로운 경험을 쌓거나 타인으로부터 배
우기를 좋아한다. 예를 들어 밀레니얼세대는 굳이 과거처럼 책이나
비디오, 음악CD를 사서 모으지 않는다. 매달 몇천 원이면 원하는 시
간과 장소에서 다운로드나 스트리밍을 통해 영화와 음악을 얼마든지
즐길 수 있다. 기성세대가 부러워할 검색능력으로 인터넷을 누비며

경험할 거리들을 찾아낸다. 여느 전문가 부럽지 않은 오타쿠, 이보다 더한 '성덕', '십덕'들이 그들에게 양질의 최신 정보를 공급한다. 이왕이면 색다른 경험을 하려고 때론 부담스러운 비용도 흔쾌히 지불한다. 지인 중 밀레니얼세대인 오 대리는 천만 원을 호가하는 외부 강의를 신청해 퇴근 후에 자기개발에 열중했다.

또한 게임은 밀레니얼세대가 공유하는 또래문화의 상징이자 공통 경험이다. 문화체육관광부에서 발간한 '2016 국민여가활동조사'에 따르면 주 여가활동(1순위) 비중에서 게임이 3위(4.9%)였다. 연령대별로 보면 10대에서는 2위(18.1%), 20대와 30대에서는 3위(각각 11.3%, 6.1%)를 차지했다. 40대 이상은 5위 이하(3% 이하)로 현저히 떨어졌다. 이는 청소년과 청년 세대에게 게임이 아주 일상화된 여가활동임을 보여준다. 젊은 세대일수록 여가활동으로 즐기는 게임의 만족도가 높게 나타난다. 여가생활을 누리는 방식에서 기성세대와 큰 차이를 보이는 대목이다.

자녀를 둔 밀레니얼세대는 다르다. 자녀교육에 관해 획일적인 정보에 의존하지 않는다. 디지털 정보의 힘을 활용하여 자녀 주변을 경험 중심의 환경으로 구축한다. 학습시간을 채우기조차 버거운 시험성적과 결과 중심의 주입식 교육 대신 가족과의 시간과 과정을 중시한다. 그들은 경험을 위해 기꺼이 지갑을 연다. 그들은 과거 자신의 부모였던 '헬리콥터 맘'처럼 일방적인 정보 전달자 및 감시자이기보다는 인생의 멘토로서 적당한 거리에서 자녀의 성공을 돕는 '인공위성 맘'의 역할을 한다.

최신 기술 숙련자(Savvy in Technology)

밀레니얼세대는 혼자가 편한 최신 기술 숙련자이다. 디지털 네이티브답게 진화하는 최신 스마트 기기를 자유자재로 다루면서 자랐다. 그래서 최신 기술에 능숙하고 정통하며 나아가 변화에 대해 수용적이다. 그들은 멀티태스킹에 능하고 빠르며 소셜 네트워킹을 활용한 업무에 익숙하다. 일에서도 양보다 질이 더 중요하다고 인식한다. 회사 선배 직원이나 동료와 일하는 한편으로, 가상공간에서는 덕후의 조언을 듣고 디지털 공감 집단에서 위로받으며 또 다른 생활을 영위한다. 밀레니얼세대는 개성과 창의성이 퇴화하는 경직된 오케스트라 단원이 되기를 원하지 않는다. 솔로 연주자(Soloist)로 자신의 역량을 뽐내고 싶어 한다. 조직의 한 부분으로서보다는 떳떳한 일원으로서 인정받고 싶어 한다. 또 오프라인 공간에서의 어색한 끈끈함보다 온라인 공간에서의 편하고 느슨한 연대에 더 익숙하다.

또 혼자가 편한 최신 기술 숙련자인 밀레니얼세대의 특징을 얘기할 때 빼놓지 않고 등장하는 것이 바로 '개인주의적'이라는 말이다. "요즘 애들, 우리 세대와는 다르게 정말 개인적인 것 같지 않아?" 여기서 '개인주의적'을 달리 표현하면 '혼자가 더 편해' '나만의 취향을 즐길 거야' '난 좀 달라' 정도가 된다. 두 해 전쯤 모 뉴스채널에서 일본 직장인들의 변화된 점심문화를 보도한 적이 있다. 많은 직장인이 독립된 공간에서 혼자 앉아 점심을 먹거나 도시락을 사서 홀로 사무실 한편에서 식사하는 영상이었다. 참 낯설게 느껴졌다. 하지만 요즘은 우리 주변에서도 이런 모습을 어렵지 않게 볼 수 있다. 밀레니얼세대에게는 혼자 밥 먹고 술 마시는 혼밥, 혼술이 차츰 일반화되고 있다. 그뿐만 아니라 혼자 여행하고(혼여), 혼자 영화 보고(혼영), 혼자 호텔 가고(혼호), 혼자 노래방 가고(혼노), 혼자 클럽에 간다(혼클). 혼자의 가치를 중요시하는 혼놀족, 혼족, 혼자족, 나홀로족 등의 다양한 이름으로 불리는 1인 트렌드가 급격히 늘고 있다. 밀레니얼세대는 1인 가구의 경제활동을 의미하는 1코노미(1인 경제)를 주도한다.

밀레니얼세대에게 맞춤화, 개인화는 앞으로 더 일반화될 것이다. 하지만 '화려한 싱글'로 보이는 이면에는 '비자발적 1인 가구'로 내몰리는 현실이 숨어 있다. 2017년 한국 노동 표준 생계비 산출 결과에 따르면 한 가구가 건강하고 정상적인 삶을 영위하는 데 필요한 기준인 표준생계비는 독신 남성 기준으로 219만원, 여성 기준으로 211만원이라고 한다. 통계청 발표에 따르면 실제로는 180만원도 채 안 되는 수준(2016년 3분기 기준 173만원)이다. 최근 간편하고 합리적인 가격의 편의점 즉석식품이 인기를 끄는 이유에 1인 가구의 넉넉지 않은 주머니 사정이 반영되었음을 짐작할 수 있다.

밀레니얼세대는 개인의 삶이 업무 못지않게 중요한 세대다. 이 점을 기성세대는 꼭 명심해야 한다. 밀레니얼세대를 후배 직원으로 둔 기성세대는 그들을 좁은 양식장에 가두면 안 된다. 넓은 공간에 그물로 구획만 지어놓고 풍부한 사료로 키우는 '가두리 양식'이나 '바다 농장' '바다 목장'의 콘셉트로 최대한 자유롭고 독립적으로 일할 업무환경을 조성해야 한다.

의미 추구자(Explanation)

"이유가 뭐죠? 왜 해야 하나요?"

요즘 것들과 일하는 기성세대끼리 하는 대표적인 얘기는 "어쩜 그렇게 딱 시키는 일만 하냐?"라는 것이다. 이런 말이 나오는 데는 여러 가지 이유가 있겠지만 일을 시키는 사람이 일의 의미를 명확하게 전달하지 못했을 가능성이 높다. 요즘 것들은 특히 허드렛일을 시켰을 때 그런 반응을 보이기 일쑤다. 밀레니얼세대는 충분한 설명(Explanation)을 기대하는 눈 높은 의미 추구자이기 때문이다.

밀레니얼세대를 키운 부모는 그들의 자녀인 밀레니얼세대가 열심히 일하는 것 못지않게 의미 있는 일을 하기를 희망했다. 또한, 대학들도 공부 외에 다른 스펙을 평가하기 시작했다. 밀레니얼세대는 더 의미 있고 가치 있는 일을 찾게 되었다. 그들은 연봉 높은 대기업을 선호하지만 그것이 다는 아니다. 자신이 가치 있다고 생각하는 환경이 조성되고 중요한 일을 할 기회가 주어지기를 원한다. 자신이 필요한 사람이라고 인식할 직장을 선택하고 조직과 함께 자신도 성장하기를 원한다. 조직에서 자신이 하는 일이 의미 없고 시시콜콜하다고 느끼는 순간 그들은 이직할 마음을 먹을지도 모른다. 허드렛일이라 해도 귀해지도록 의미를 부여해줘야 한다. 이들이 가진 한계를 극복하고 리더로 성장시키기 위해서는 회사의 미션과 비전이 중요하다. 회사의 미션과 비전을 달성하려면 개인이 아니라 팀 안에서 문제를 창의적으로 해결해야 한다는 사실을 깨닫도록 도와야 한다. 또한 밀레니얼세대가 미션과 비전에 기여함으로써 일의 의미를 찾도록 지원해야 한다.

이러한 밀레니얼세대의 특징은 소비에서도 '착한 소비' '개념 소비'의 모습으로 나타난다. 실제 불황에도 친환경과 지속가능성을 기치로 내건 기업들의 매출 증가가 눈에 띈다. 대표적인 기업이 아웃도어 브랜드인 파타고니아이다. 이 기업은 환경보호를 위해 공정무역과 친환경 소재를 사용한다. 이뿐 아니라 불필요한 소비를 막기 위해 '오래 입은 옷' 고쳐 입기 프로그램을 운영 중이다. 어떡하든 한 벌이라도 더 팔아야 하는 기업의 본분을 망각하고 자꾸 사지 말고 고쳐 입으라고 외친다. 심지어 다른 브랜드 옷까지 포함해 최대 2벌을 수선해준다. 또 최근에는 성능은 유지하면서 기존에 입던 다운을 재활용한 '리사이클 다운'을 내놓기도 했다. 파타고니아의 기업 미션[9]은 다음과 같다.

"최고의 제품을 만들고, 불필요한 해를 끼치지 않으며, 비즈니스를 통해 환경위기의 해결책을 고취하고 구현한다."

이 회사는 2011년 "우리 옷을 사지 마세요(Don't buy this jacket)"라는 우회적인 광고로 화제를 모으기도 했다. 기업이 사회적 문제를 해결하는 동시에, 이를 이윤추구에 활용하는 일석이조의 기능을 하는 공익마케팅(Cause Marketing)의 좋은 사례다. 이는 가치 있는 일에 의미를 부여하는 밀레니얼세대에게 효과적인 마케팅 방법이다.

현실주의자(Realism)

"미래도 중요하지만 지금 행복했으면 좋겠어."

예전에 지인 두 명과 식사하며 얘기를 나누다가 우연히 그들이 같은 목적지로 여행을 계획한 사실을 알게 되었다. 출발 시점만 다를 뿐 여행기간과 장소는 같았다. 재미있는 것은 여행경비가 달랐다는 사실이다. X세대인 윤 실장은 40만 원짜리 패키지를 선택했고, 밀레니얼세대인 전 책임은 더 멋진 경험을 위해 120만 원짜리 자유여행을 택했다. 이렇듯 밀레니얼세대는 지금의 행복을 위해 기꺼이 투자한다.

"인생은 한 번뿐(You Only Live Once)"이라는 의미의 YOLO 라이프가 요즘 트렌드 중 하나다. 하지만 이 단어도 앞서 나온 케세라세라처럼 본래 의미와 다르게 쓰이고 있다. 원래는 "인생 뭐 있어? 인생 한방이지!" 정도의 의미로 영미권 젊은이들 사이에 쓰이던 은어가 우리나라에 들어와 의미가 예쁘게 바뀐 것이다. 이 용어는 불확실성의 시대를 살아가는 요즘 밀레니얼세대의 특징을 잘 담은 표현이기도 하다. 경제적 형편이 넉넉지 않은 밀레니얼세대는 가성비를 따지며 합리적인 소비를 하는 특징이 있다. 현실적이고 현재 지향의 YOLO 소비패턴을 보이기도 한다. 불경기가 지속되면서 최근에는 '큰 소비'로 인한 행복보다 '작은 사치', 즉 '스몰럭셔리(Small Luxury)' 제품으로 만족을 찾는 20~30대 소비자가 늘고 있다. 큰돈이 들어가는 자동차, 핸드백, 고가 의류 대신 비교적 작은 규모의 고급 소비재나 고급 식품을 구매해 고가 제품을 소비할 때와 비슷한 만족감을 얻으려는 것이다.

또한 홧김비용, 멍청비용, 쓸쓸비용이라는 다소 낯선 용어까지 생겨났다. 홧김비용은 스트레스로 인해 충동구매한 비용으로 화를 내지 않았으면 쓰지 않았을 돈을 의미한다. 멍청비용은 순간의 부주의로 멍청하게 낭비한 돈을 뜻하고, 쓸쓸비용은 외로움을 달래려고 영화, 식사, 옷 구매 등에 쓴 돈을 말한다. 이 비용이 1인 기준으로 연간 60만원에 이른다는 통계도 있다. 이것만 봐도 미래의 행복을 위해 지금의 희생과 인내를 기꺼이 감내하던 기성세대와는 다르다. 밀레니얼세대는 현재의 행복에 더 큰 의미를 둔다. 그들은 경험으로 느끼는 현재의 행복을 위해 부담되는 금액일지라도 여행에 기꺼이 투자한다. 행복에 관한 연구에 따르면 소유물을 샀을 때보다 경험을 샀을 때 더 행복감을 느끼고 그 기억이 오래간다고 한다. 밀레니얼세대는 기성세대보다는 경험을 위한 소비에 더 익숙하다.

벤처 캐피털 회사인 클라이너 퍼킨스의 '인터넷 트렌드 보고서[10]' 2016년 버전에서 매리 미커는 온라인에서 시작한 상거래 업체와 브랜드가 오프라인으로 역진출해 성공하는 이유는 밀레니얼세대 덕분이라고 밝혔다. 밀레니얼세대가 생산과 소비 활동에 본격적으로 진입한 것이다. 베이비부머 세대나 X세대와 비교할 때 이들의 평균 소득이 크게 늘어난 것은 아니다. 하지만 돈을 모으기 위해 벌거나 일단 쓰고 나중에 갚는 형태보다는 바로 쓰고 즐기기 위해 돈을 버는 밀레니얼세대의 특성이 전자상거래 사업자들과 데이터를 기반으로 사업을 펼치는 사람들을 유리한 고지에 올려놓고 있다.

밀레니얼세대는 또한 일과 삶이라는 두 가치 중에서 삶을 더 중요하게 생각한다. 살기 위해 일하는 것이지 일하기 위해 살지는 않는다는 얘기다. 2016년 12월 서울신문이 취업정보포털 사람인과 함께 취업준비생 400명에게 '입사하고 싶은 기업 유형'을 물었다. 조사 결과에 따르면 65.5%(262명)가 '연봉은 높지 않아도 야근(주말 근무 포함)이 적은 회사'에 입사하기를 원했다. 이른바 일과 삶의 균형이 보장되는 '워라밸(Work and Life Balance)' 기업을 선호하는 현상이 뚜렷했다.

밀레니얼세대는 유치원 때부터 경쟁을 시작했다. 그래서인지 중·고교 입시, 대학 입시, 취업까지 경쟁 속에서 저당 잡힌 행복을 만회하려는 듯 미래의 행복을 꺼내 쓰는 모양새다. 밀레니얼세대가 현재가 중요한 현실주의자인 것은 그들이 결코 미래에 관심이 없어서가 아니다. 그들도 은퇴 및 노후 준비와 같이 미래를 준비해야 한다는 것을 잘 알고 있다. 단지 미래를 준비할 만큼 현재의 형편이 넉넉지 않고, 미래를 위해 지금의 행복을 놓치고 싶지 않을 뿐이다. 통장요정 김생민 열풍은 현실주의자인 밀레니얼세대의 약점을 역설적으로 잘 파고들면서 좋은 반응을 얻은 사례로 볼 수 있다.

성취주의자(Achiever)

"댓글과 '좋아요'가 신경 쓰이고 피곤해요."

밀레니얼세대는 목표지향의 성취주의자들이다. 우등상과 개근상이 거의 전부였던 이전 시대와 달리 밀레니얼세대는 다양한 교내·외 활동으로 상을 1년에 몇 개씩은 받고 자란 트로피세대이다. 그들은 자신이 하는 일이 가치 있고 누구나 상을 받을 수 있다고 생각하면서 성장해왔다. 우스갯소리인지 모르겠지만 지인에 따르면 13등 상도 있었다고 한다. 상은 그들의 활동을 격려하고 칭찬하는 좋은 수단이었다. 상은 인정 욕구가 강하고 성취 지향적, 목표 지향적인 밀레니얼세대의 특성에 영향을 미쳤다.

이러한 특성을 가진 밀레니얼세대에게 부정적인 피드백을 하는 데는 신중할 필요가 있다. 칭찬과 성취에 익숙한 그들에게 큰 심리적 상처를 줄 수도 있기 때문이다. 또 밀레니얼세대는 성과평가나 역량평가의 공정성에 대해 기성세대보다 더 민감하다. 기성세대가 명확하지 않은 근거로 평가를 내렸다가 곤욕을 치르는 경우를 종종 봐왔다. 학연, 지연 등의 연줄이 인사고과에 개입되는 것이 밀레니얼세대에게는 불편할 수 있다.

인터넷과 SNS를 이용하는 방식을 살펴보자. 10~40대에서는 이미 인터넷 이용자 수가 99%를 넘었다.[11] 카카오스토리, 페이스북, 네이버 밴드, 인스타그램 등을 통해 주 평균 1시간 3분을 쓰고 있다. 주로 친교와 교제목적으로 이용한다. 특히 밀레니얼세대에 해당하는 20~30대에서는 SNS 이용률이 이미 80%를 넘어섰다. 밀레니얼세대는 SNS에 매우 친숙하고 이를 친교와 정보교환의 장으로 유용하게 활용한다. 성취와 인정 욕구가 강한 그들은 디지털 세상 속 페친(페이스북 친구), 인친(인스타그램 친구)들에게서 댓글이나 '좋아요'와 같은 지지를 갈망한다. 이는 피드백 건수에 대한 강박이나 타인과의 비교 등으로 이어져 스트레스 요인이 된다. 적지 않은 밀레니얼세대가 실제 이런 이유로 스트레스를 받는다. 심지어 댓글이나 '좋아요' 건수가 친구들과 비교되는 것이 부담스러워 SNS 사용을 자제한다고 토로하는 밀레니얼세대도 적지 않았다.

요즘 것들의 뇌 구조

이상 밀레니얼세대의 특징을 7가지 DNA로 살펴보았다. 정리하면 다음과 같다.

DNA 1 질문자(Question)

DNA 2 조급증 어른이(Urgency)

DNA 3 학습자(Eduperience)

DNA 4 최신 기술 숙련자(Savvy in Technology)

DNA 5 의미 추구자(Explanation)

DNA 6 현실주의자(Realism)

DNA 7 성취주의자(Achiever)

우격다짐으로 다 기억할 필요는 없다. 다만 가끔씩 이해 안 되는 요즘 것들을 만나서 고민될 때 이 책을 다시 열어보면 된다. 이해를 돕기 위해 직장생활을 하는 요즘 것들의 특징을 뇌구조로 그려보았다.

요즘 것들의 뇌 구조(직장인 예)

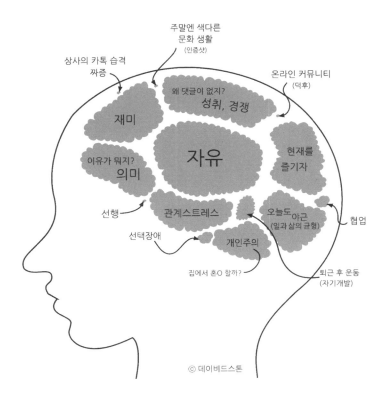

주말엔 색다른
문화 생활
(인증샷)

상사의 카톡 습격
짜증

온라인 커뮤니티
(덕후)

왜 댓글이 없지?
성취, 경쟁

재미

현재를
즐기자

이유가 뭐지?
의미

자유

선행

관계스트레스

오늘도 야근
(일과 삶의 균형)

협업

선택장애

개인주의

집에서 혼O 할까?

퇴근 후 운동
(자기개발)

ⓒ 데이비드스톤

너를 알고 싶어

요즘 것들의 속마음

이직 "직장에 대한 로열티가 낮은 건 아니에요. 예전 부모세대처럼 평생직장 개념이 사라졌기 때문일 거예요. 더 좋은 복지와 급여 수준인 직장이 있으면 언제든지 이직할 수 있다고 생각해요." - 30대 초반 직장인

진로 선택 "(대)학교를 선택할 때처럼 부모님께서 회사에 입사 지원할 때도 도움을 많이 주셨어요. 아빠가 아시는 분들이 계시는 회사에 추천해주신다고 했는데 그건 사양했어요. 더 큰 회사에 가고 싶었거든요. 우리 회사에 들어올 때도 부모님께서 차로 태워다 주시고 원서를 쓸 때도 유용한 조언을 많이 해주셨어요." - 20대 중반 직장인

친구 "가족들은 제가 무슨 생각을 하고 사는지 잘 모르는 것 같아요. 오히려 페북 친구들이 저를 더 잘 알죠. 아무래도 서로 비슷한 관심사를 공유하는 것이 온라인이니까요. 사실 대부분의 정보는 온라인이나 SNS를 통해 얻는다고 봐야죠." - 20대 후반 직장인

이메일, 카톡에 익숙한 이들 "일할 때도 전화보다는 메일이 편해요. 솔직히 직접 얘기하는 건 좀 불편해요. 괜히 말실수할 수도 있고 조심스러워요. 그리고 저희 이사님은 늘 바쁘셔서 괜히 업무를 방해하는 것 같기도 하고요." - 30대 초반 직장인

학원, 과외, 체험학습 "제가 초등학교 2학년 때 처음 '체험학습'이 생긴 것 같아요. 말이 체험학습이지 가족여행을 가는 경우가 많았죠. 학원, 과외로 놀 시간이 별로 없었는데, 체험학습 신청하고 여행 갔던 기억은 좋았어요." - 20대 중반 직장인

점심 혼밥 "점심을 혼자 먹으면 좋은 점이 많아요. 메뉴 선택을 고민할 필요도 없고 괜히 상사 비위 맞출 필요도 없죠. 잡담하느라 시간을 많이 뺏겼는데 지금은 생각할 시간도 생기고 최근에는 동영상 강의도 들으면서 자기개발에 시간을 유익하게 쓰고 있어요." - 30대 중반 직장인

세대 명칭 "N포세대, 88만원세대…. 이런 말들은 도대체 누가 만드는 거죠? 이런 단어가 자꾸 만들어지니까 사람들이 우리 세대를 그렇게 오해하는 것 같아요. 물론 그렇게 생각하는 젊은 사람들도 있겠지만 다 그렇게 생각하는 건 아니에요. 사실 우리 세대는 그렇게 우울하지 않아요." - 30대 초반 직장인

겸손이 미덕이다? "이제 더 이상 겸손은 미덕이 아니라고 생각해요. 자기가 잘하는 게 있다면 적극적으로 표현하고 자기 PR을 해야 맞지 않나요? 선배 직원들은 우리가 왜 그런 특징을 보이는지 잘 모르고 대부분 부정적으로 보는 것 같아요."
- 30대 중반 직장인

팀 프로젝트 "요즘 회사에 입사한 지 5년이 안 된 젊은 직원들 중심으로 '주니어 보드'를 만들어 1주일에 한 번씩 모여서 조그만 프로젝트를 하나 해요. 솔직히 일보다 그게 더 재밌어요." - 20대 후반 직장인

부모 역할 "저는 주입식 교육을 받느라 가족과 함께할 시간도 별로 없었고 시험 성적 때문에 스트레스를 많이 받았어요. 하지만 우리 애는 그렇게 키우고 싶지 않아요. 다양한 경험을 하게 해주고 가족과 함께 시간을 많이 보내면서 좋은 추억을 실컷 만들어주고 싶어요. 부모의 역할은 자녀가 잘할 수 있는 것을 찾고 도와주는 거라고 생각해요." - 30대 후반 직장인

IT 활용능력 "선배님들 보면 직장생활을 오래 하셨는데도 기본적인 컴퓨터 조작이나 IT 활용능력이 생각보다 많이 부족해요. 솔직히 별것 아닌 걸로 물어볼

때 좀 귀찮기는 해도 도와드릴 때 기분 좋아요."- 20대 후반 직장인

선배 직장인들 "제가 다니는 회사는 안정적이고 연봉도 또래 친구들보다 높아요. 하지만 이직을 해야 하나 고민이에요. 선배들 모습을 보면 내가 10년 후, 20년 후 저분들처럼 될 거라고 생각이 드니까 끔찍해요. 배부른 소리처럼 들릴지 모르지만 저는 좀 심각하거든요. 그렇다고 정말 하고 싶은 일을 하자니 용기가 나지 않아요."- 20대 후반 직장인

'좋아요'와 댓글 "페북에 올린 글에 '좋아요'와 댓글이 얼마나 달리는지 틈만 나면 수시로 확인해요. 페친들이 올린 글에 '좋아요'와 댓글이 많이 달리는 걸 보면 자꾸 비교돼서 박탈감이 느껴지기도 하죠. 어떤 땐 다들 치열하게 사는 것 같은데 나만 뒤처진 게 아닌가 생각하기도 해요."- 20대 후반 직장인

가장 많이 듣는 질문

Q   기성세대가 젊었을 때는 이 정도는 아니었던 것 같은데 요즘 것들이 유별나지 않나요?

A   '유별나다'는 것은 그만큼 특징(색깔)이 다양하다는 얘기이기도 합니다. 마치 타자들이 구질이 다양한 투수를 상대할 때 더 어려워하는 것과 유사합니다. 투수의 투구패턴과 구질을 파악하듯 조금 더 관심을 두고 요즘 것들의 특성을 파악할 필요가 있습니다.

3

통하고

싶습니까

대한민국이라는
혹성에 사는 외계인들

엄마가 딸에게

모 프로그램에서 가수 양희은과 악동뮤지션이 멋진 화음을 이뤄 '엄마가 딸에게'라는 곡을 노래한 적이 있다. 출연자와 많은 방청객이 눈물을 훔치는 모습이 방영되었다. 노래 가사에는 부모와 자식 사이라면 누구나 공감할 세대갈등의 단면이 잘 담겨 있었다. 가사를 살펴보자.

"난 잠시 눈을 붙인 줄만 알았는데 벌써 늙어 있었고 / 넌 항상 어린아이일 줄만 알았는데 벌써 어른이 다 되었고 / 난 삶에 대해 아직도 잘 모르기에 너에게 해줄 말이 없지만 / 네가 좀 더 행복해지기를 원하는 마음에 내 가슴속을 뒤져 할 말을 찾지

공부해라 아냐 그건 너무 교과서야 / 성실해라 나도 그러지 못했잖아 /

사랑해라 아냐 그건 너무 어려워 / 너의 삶을 살아라!

난 한참 세상 살았는 줄만 알았는데 아직 열다섯이고 / 난 항상 예쁜 딸로 머물고 싶었지만 이미 미운털이 박혔고 / 난 삶에 대해 아직도 잘 모르기에 알고픈 일들 정말 많지만 / 엄만 또 늘 같은 말만 되풀이하며 내 마음의 문을 더 굳게 닫지

공부해라 그게 중요한 건 나도 알아 / 성실해라… 나도 애쓰고 있잖아요 / 사랑해라… 더는 상처받고 싶지 않아 / 나의 삶을 살게 해줘!

왜 엄만 내 마음도 모른 채 매일 똑같은 잔소리로 또 자꾸만 보채? / 난 지금 차가운 새장 속에 갇혀 살아갈 새처럼 답답해 원망하려는 말만 계속해… / 제발 나를 내버려두라고! 왜 애처럼 보냐고? 내 얘길 들어보라고! 나도 마음이 많이 아파 힘들어하고 있다고… / 아무리 노력해봐도 난 엄마의 눈엔 그저 철없는 딸인 거냐고? 나를 혼자 있게 놔둬!

공부해라… 아냐 그건 너무 교과서야 / 성실해라… 나도 그러지 못했잖아 / 사랑해라… 아냐 그건 너무 어려워 / 너의 삶을 살아라!

내가 좀 더 좋은 엄마가 되지 못했던 걸 용서해줄 수 있겠니? / 넌 나보다는 좋은 엄마가 되겠다고 약속해주겠니? / 랄 라랄 라랄 라랄…"

노래 가사에서 어머니는 딸에게 '공부해라' '성실해라'라고 얘기한다. 행복해지기를 원하는 마음에 가슴속을 뒤져 찾아낸 최선의 말이다. 하지만 자식은 그런 부모의 마음을 다 헤아리지 못한다. 이렇듯 부모와 자식 간의 소통은 쉽지 않다. 이는 실제 우리나라 베이비붐세대의 부모와 자녀인 밀레니얼세대의 모습이기도 할 것이다.

대학시절 가끔 부모님 생각에 사전에 연락도 않고 고향에 내려간 적이 여러 번 있었다. 하루는 아버지께서 안방으로 부르시더니 아들에게 하고 싶던 얘기를 털어놓으셨다. 어떤 이유에서였는지 내 방으로 돌아와 한동안 눈물을 펑펑 흘렸던 기억이 난다. 아버지의 진솔한 소통이 마중물이 되어 내 안의 여러 감정을 퍼 올린 것이다. 진솔한 소통에는 힘이 있다. 특히 기성세대가 먼저 그 소통의 물꼬를 트면 효과는 배가된다.

노래의 제목을 '아빠가 아들에게' '기성세대가 요즘 것들에게' '요즘 것들이 선배 직원에게'라고 바꾸어도 많은 사연을 담을 수 있지 않을까?

세대 간 소통의 축소판, 가정

세대 간 소통의 실상은 사실 가정이라는 최소 단위 조직에서 쉽게 볼 수 있다. 조직 내 세대 간 소통의 건강도 수준은 가정이라는 사회의 축소판을 통해 가늠해볼 수 있다는 말이다.

필자가 근무하던 회사에서 아르바이트하는 대학생들과 티타임을 가진 적이 있다. 밀레니얼세대의 끝자락에 속하는 그들에게서 그 또래들이 가정에서 부모인 베이비붐세대와 어떻게 소통하는지 확인할 수 있었다. 결론부터 얘기하면 회사에서의 세대 간 소통과 크게 다를 게 없었다. 직장에서 소통의 모습은 마치 우리나라 일반적인 가정의 모습을 그대로 복제한 것과 같았다. 얘기를 나눈 대학생들은 가정에서 부모와 충분하게 소통하고 있지 않았다. 부모 자식 간에 대화가 많이 부족했다. 주위 친구들도 대부분 그렇다고 했다. 가정에서 세대 간 소통이 예상보다 더 절실한 상황이었다.

　지금 당신의 가정과 직장의 모습은 어떠한가? 혹자는 기성세대에게도 늘 봐왔던 일반적인 모습이 아니냐며 반문할 수도 있다. 하지만 세대의 특징에 따라 양상이 조금 다르게 나타난다. 우리 사회 전반에 걸친 세대 간 소통의 단절 문제는 진지하게 짚어볼 필요가 있다. 특히 밀레니얼세대가 기성세대에게 바통을 넘겨받아 온전하게 계주를 이어가기 위해서는 더욱 그렇다.

언제 세대 차이를 느끼나

2015년 삼성그룹이 발간한 온라인 사내보에서 임직원 3,287명에게 실시한 세대 이해 관련 조사 결과[12]에 따르면, 10명 중 8명이 "직장 내 세대 차이를 느낀다"라고 답했다. 직장에서 세대 차이를 느끼는 순간은 '회식 등 친목 도모 모임에 대한 의견이 다를 때(47.7%)'가 가장 많았다. '업무 방식이 다를 때(43.2%)' '컴퓨터·SNS 등 디지털기기 사용능력이 다를 때(29.9%)'가 다음으로 많았다. 세대별로 공감할 수 없는 정신으로 신세대는 기성세대의 '주말출근'을, 기성세대는 신세대의 '개인주의'를 지목했다는 점이 눈에 띈다.

왜 세대 차이가 발생할까? 세대 간 가치관 내지는 세계관이 다르기 때문이다. 그리고 가치관이 다른 것은 경험이 다르기 때문이다. 동일한 시간과 공간을 공유하는 사람들은 유사한 특징을 보이게 마련이다. 특히 인격과 가치관을 형성하는 중요한 시기인 유청소년 시절에 겪은 사건들은 또래 세대에 유사한 특징을 형성한다.

가치관은 세대마다 달라졌다

그렇다면 세대 간 가치관이 왜 다르고 어떻게 다른지 살펴볼 필요가 있다. 세대별로 가치관이 어떻게 다른지 다음 표에서 간략하게 정리해보았다. 세대 간 다름을 이해하는 데 참고하기 바란다.

세대에 영향을 미친 요소가 과거에는 '이데올로기'였다면 이제는 '기술'이라고 해도 과언이 아니다. 기술의 발전 속도가 갈수록 빨라지기 때문에 이런 현상은 더 심화될 것이다. 주목할 점은 사회를 이끌어가던 베이비붐세대가 점차 퇴장하고 밀레니얼세대가 그 빈자리를 채워가고 있다는 것이다. 컴퓨터, 스마트 기기 등 기술발전은 정보 격차 등으로 세대 간의 간극을 더 키우고 있다. 실제 밀레니얼세대의 가치관을 다른 세대와 비교해보면 차별적 특성을 엿볼 수 있다. 대표적으로 자유, 개인행복, 창의, 혁신, 도전 등의 가치관이 그것이다.

세대별 추구 가치와 특징

구분	전통세대	베이비붐세대	X세대	밀레니얼세대
출생연도	1940~1954년	1955~1964년	1965~1979년	1980~2000년
주요 사건	6·25 베트남전	12·12 새마을운동	5·18 성수대교 붕괴 삼풍백화점 붕괴	IMF 촛불시위 한·일 월드컵 취업대란
대표 아이콘	김일, 신성일	차범근, 조용필, 손석희	박찬호, 박세리, 서태지, 이승철	김연아, 손흥민, 빅뱅
가족	가부장적 권위 성역할 고정	4인 가족 대중화	2인 이하 가족 여성운동	1인 가족 증가 조이혼율 증가 외동 일반화
신기술	신문	라디오, TV	삐삐, 핸드폰	인터넷 스마트 기기
상징적 소비재	자동차	TV	개인 PC	태블릿, 스마트폰
추구 가치	이데올로기, 예의, 충성심	반공, 국가, 고향, 사명감, 헌신, 인내	혁명, 연대와 협력, 자유, 가족/친구 우선, 회의적	자유(개성), 개인 행복(부, 여가), 표현, 창의, 혁신, 도전
특징	집합주의, 권위주의 물질 중심적, 서구문화 지향, 자녀 교육열	성공 추구, 집합주의와 개인주의 혼재 (샌드위치세대)	집합주의와 권위주의에 저항, 개인주의, 자유문화 소비에 민감, 컴퓨터 첫 세대	글로벌 문화 익숙, 개성 강함, 온라인(컴퓨터)에 능숙

화성인은 지금 불편하다

도대체 요즘 것들이 멘토가 아니라 진솔하게 소통할 파트너를 원한다고 하는 이유는 무엇일까?

2016년 기준으로 입사한 지 1년 안에 회사를 떠나는 대졸 신입사원이 27.7%에 이르렀다. 경총에서 통계를 잡기 시작한 2007년부터 (20.6%) 꾸준히 증가하는 추세다. 최근 한 구인구직 사이트에서 직장인 및 구직자 1,535명을 대상으로 조사한 결과를 보면 이를 짐작할 수 있다. 이직 이유로는 자신의 미래 비전이 낮아 보여서라는 답변이 36.7%로 가장 높았다. 요즘 것들이 낯선 조직에 빨리 정착하도록 기성세대가 적극적으로 도와야 하는 이유를 잘 보여주는 결과다.

요즘 것들이 조직에 잘 적응하지 못하는 이유로, 특히 기성세대들이 만들어놓은 실패를 받아들이지 못하는 경직된 조직문화를 꼽을 수 있다. 민첩하게 변화하지 못하는 시스템이 밀레니얼세대에게는 여간 불편한 것이 아니다. 여전히 권위적이고 온정적이며, 관료제적인 상명하복의 리더십은 정반대의 환경에서 자라온 요즘 것들이 적응하기 어려운 가혹한 수준이다. 어쩌면 마치 다른 혹성에 던져진 느낌이 아닐까? 요즘 것들이 어렵게 입사한 조직을 곧잘 떠나는 것은 대부분 기성세대 때문이다. 이들이 만들어놓은 유연성 없고 불편하며 부조리한 조직 환경은 요즘 것들이 적응하기에는 너무나 낯설고 힘들다.

최근 취업포털 인크루트가 20~30대 밀레니얼세대 회원을 대상으로 실시한 설문조사를 살펴보자. 이 조사에 따르면 응답자의 84%가 직장상사의 권위에 눌려 부당한 느낌을 받은 적이 있다고 밝혔다. 응답자들이 불편하다고 느낀 사례로는 말 몇 마디로 규정하거나(28%) 노력하지 않는다고 판단하거나(25%) 자신의 질문과 생각을 세상 물정 모르기 때문이라고 단순하게 치부하는 것(21%)이었다. 밀레니얼세대가 직장생활에 얼마나 잘 적응하는가는 함께 일하는 리더에 따라 결정된다.

서로 다른 외계인

"요즘 것들을 힘들게 하는 사람은 누구일까?" 필자는 밀레니얼세대와 면담을 꽤 많이 한 축에 속한다. 생각해보면 그들이 면담요청을 한 가장 대표적인 이유는 바로 적응 안 되는 꼰대 상사 때문이었다. 도대체 그 꼰대를 어떻게 대해야 할지 알고 싶어 했다. 꼰대 때문에 상담을 요청한 밀레니얼세대들은 멘토가 아니라 진솔하게 소통할 파트너를 원한다는 공통점이 있었다. 실제 한 설문조사에서 꼰대 때문에 퇴사 욕구가 생긴 적이 있다고 응답한 사람이 88%나 되었다. '요즘 것들 잡는 것은 꼰대 상사다'라는 생각마저 든다. 이를 증명할 두 설문 결과를 살펴보자.

하나는 '직장 내 소통'을 주제로 두 취업포털에서 공동으로 실시한 설문이다. 조사 결과에 따르면 직장인 79.1%, 아르바이트생 61.0%가 직장에서 소통장애를 겪고 있었다. 소통에 장애를 겪는 대상(복수응답)으로는 사장 등 회사 임원(39.6%)이 1위를 차지했다. 다음으로 상사(36.9%) 순이었다. 꼰대의 평균 연령이 50.2세라는 한 설문의 결과와 비슷하게 일치한다. 소통이 안 된다고 느낀 이유로 55.0%의 응답자가 '상대방의 말은 듣지 않고 자기 말만 하는 탓'이라고 지적했다.

이번에는 '꼰대'를 주제로 한 설문조사를 살펴보자. "꼰대는 어떤 사람인가"라는 질문에 '내 말대로만 하라며 우기는 스타일' '까라면 까라는 식의 상명하복 사고방식' '내가 해봐서 안다는 전지전능 스타일' 등의 답이 나왔다. 또 "가장 듣기 싫은 꼰대어(語)가 무엇인가"라는 질문에 '어딜 감히' '내가 다 너 잘되라고 하는 말이지' '요즘 젊은 애들은 말이야' '내가 너만 했을 때는 말이야' '왕년에 말이지' 등의 답이 나왔다. 참 익숙한 레퍼토리가 아닌가? 꼰대에 시대를 초월한 공통점이 있나 싶기도 하다. "꼰대를 결정짓는 요인이 무엇이라고 생각하느냐"는 질문에는 대부분이 '인간성'이라고 답했다. 재미있는 것은 상사들은 91%가 "난 꼰대 아니다"라고 대답한 반면 "사내에 꼰대가 있다"라고 대답한 밀레니얼세대의 비율은 90%가 넘었다는 점이다.

두 설문 결과에서 젊은 외계인들의 눈에 낯선 혹성에서 함께 일하는 임원을 비롯한 직장 상사가 얼마나 소통이 안 되는 답답한 존재인지 공통으로 확인할 수 있다. 소통이 안 되는 이유는 더 가관이다. 상사가 상대방의 말은 듣지 않고 자기 말만 한다는 것이다. 의견을 얘기해도 반영이 잘 안 된다고 한다. 좀 심각하지 않은가? '사회생활을 하는 데 소통능력이 경쟁력이 될 수 있는가'라는 질문에는 응답자의 83.5%가 '그렇다'고 답했다. 또 90%는 평소 직장 내에서 원활한 소통을 위해 노력하고 있다고 대답했다. 그만큼 젊은 세대는 소통 능력이 중요하다고 인식한다. 그들은 소통하기 위해 가장 중요한 것으로 공감능력(28.4%), 태도와 자세(23.6%), 경청(23.5%)을 꼽았다. 즉, 기성세대가 공감도 못 하고, 자세도 되어 있지 않으며, 듣지도 않는다는 얘기다. 이는 필자가 많은 조직의 임직원들과 인터뷰하면서 들어온 내용과 거의 일치한다. 그렇다면 이제 묻고 싶다.

소통이 안 되는 것은 누구 책임일까

"팀장님, 잠깐 시간 되세요?" 옆 팀 밀레니얼세대 여직원이 곧 눈물을 와락 쏟을 듯한 표정으로 와서는 대화를 요청한다. 최근 조직 개편으로 다른 부서로 이동한 그녀는 새로 모시는 팀장과 자신이 너무 맞지 않는다고 했다. 이럴 때는 정말 난처하다. 팀장이 팀원을 바꿀 수는 있어도 팀원이 팀장을 바꿀 수는 없는 노릇 아닌가? 얘기를 들어보니 그 여자 팀원에게 문제가 없진 않았지만, 마음을 열고 팀원의 의견을 듣지 못하는 팀장의 문제가 훨씬 커 보였다. 둘은 얼마 전 말다툼을 하고 나서 눈치만 보고 며칠째 대화를 하지 않고 있다고 했다. 도대체 누구의 책임이 더 클까? 누가 먼저 화해의 손길을 내밀어야 할까? 역사학자 아놀드 토인비는 이렇게 말했다.

> "세대 간의 오해는 불가피하고 그것을 해소하는 것 또한 쉽지 않다. 그럼에도 불구하고 문제를 줄이려면 기성세대가 먼저 스스로 책망하고 반성해야 한다. 젊은 세대들은 죽을 때까지 젊은이의 정신을 지녀야 한다."

토인비는 기성세대가 소통의 책임을 져야 한다고 조언한다. 소통할 때 보통 메시지를 보내는 발신자는 인생경험이 더 많은 기성세대인 경우가 많다. 대개 직장에서는 기성세대인 상관이 지시자다. 기성세대가 먼저 밀레니얼세대의 입장과 특징을 알아야 한다. 원활한 소통의 키는 발신자의 역할을 더 많이 수행하는 기성세대가 쥐고 있다.

과연 기성세대는 얼마나 밀레니얼세대를 이해할까? 밀레니얼세대는 기성세대가 생각하는 것보다 훨씬 스마트한 세대다. 조직과 가정에서 소통이 원활하지 않다면 대개는 기성세대의 이해와 아량이 부족한 탓이다. 꼰대와 어른의 차이를 가르는 것은 무엇일까? 바로 '의사소통 역량'이다.

요즘 것들의 사표

요즘 것들은 혹성에 들어가기 위해 13개월 준비하지만 18개월 만에 혹성 탈출을 감행한다. 경영자나 인사담당자 입장에서는 불편하기 짝이 없는 현실이다. 이러한 사회상을 SBS 스페셜에서 '은밀하게 과감하게 요즘 젊은것들의 사표'편(2016년 9월 11일 방영)에 담아냈다. 이 방송을 보고 기성세대는 버릇없는 요즘 것들에 대한 공감을 표했다. 정말 중요한 것은 요즘 것들이 던지는 메시지다. 그들의 목소리에 귀 기울여야 한다.

"내가 조직에서 발전이 없고 내가 여기서 어떻게 쓰이겠다는 모습이 없었어요. 시간을 허비하고 있다. 이렇게 살려고 태어난 건 아닌데…."- 대기업을 퇴사한 밀레니얼세대 A씨

"…대기업, 공짜 점심, 풍부한 복지 그런 것들을 다 누리고 있는데 왜 나는 행복하지 않을까?"- 외국계기업을 퇴사한 밀레니얼세대 Y씨

"…너무 하기 싫은 거예요. 출근하기 너무 싫은 거예요. 오죽하면 아 그냥 출근하다가 교통사고나 나라… 단순하게 돈은 많이 주니까 참고 산다고 하는 사람들이 많았죠…."- 대기업을 퇴사한 밀레니얼세대 K씨

"보고서를 집어던지면서 "뭔 보고서를 이따위로 해? 병신새끼야." 정확히 이렇게 얘기하더라고요. 굉장히 글로벌하고 수준 있는 기업인데 거기를 이끌어나가는 리더가 수준이 이것밖에 안 되나? 이런 생각을 했거든요."- 대기업을 퇴사한 밀레니얼세대 B씨

도무지 이해할 수 없는 꼰대 관리자들 때문에 요즘 것들은 멘토가 아니라 진솔한 소통의 파트너를 꿈꾸며 매일매일 살아간다. 이제 변화해야 한다. 우리 미래를 위해서는 요즘 것들의 마음의 소리에 귀기울이고 변화하려는 기성세대의 노력이 절실하다.

선배에게 던지는 돌직구

한때 SNS에서 '선배에게 드리는 충고'라는 제목의 글이 화제를 모았

다. 필자도 페이스북에서 처음 접했는데 공감되는 부분이 많았다. 요즘 것들의 마음의 소리를 잘 담은 내용이라 전문을 소개한다.

선배에게 드리는 충고

존경하는 선배님, 황야의 무법자 자뻑 후배가 돌직구를 날립니다. 물론 저도 알고 있습니다. 이걸 날리는 순간 그 짱돌이 부메랑처럼 돌아서 다시 누군가의 선배인 제게 날아들 것이란 것을. 그래도 제가 감히 충고를 날리는 이유는 선배나 저나 점점 남의 말을 귀담아듣지 않는 나이에 들어섰기 때문이고, 심장도 뇌도 육신도 점점 딱딱하게 메말라가는 나이에 들어섰기 때문입니다. 우리, 꼰대 소리는 듣지 말고 살아가야 하지 않겠는지요.

1. 왜 자주 전화 안 하느냐고 핀잔주지 마세요. 후배에게도 후배의 생활이 있답니다. 필요할 때만 전화하느냐고도 하지 마세요. 아직 선배가 쓸모 있는 존재라는 증거니까 서운해하지 마세요. 오히려 영광이고 다행스러워하시면 됩니다.

2. 이젠 기다리지 마세요. 기다리는 모습은 젊었을 때나 아름답지 나이 들어 기다리는 모습은 추레합니다. 자식도 후배도 친구도 기다린다고 전화하거나 찾아오거나 하지 않습니다. 이젠 선배가 먼저 전화해서 보고 싶다고, 만나자고 해야 합니다. 시간은 선배가 훨씬 더 많고, 선배는 충분히 만나자고 할 권리가 있습니다.

3. 밥값, 술값, 찻값, 언제나 선배 혼자서 다 내려고 하지 마세요. 그런 객기 안 부리셔도 됩니다. 밥값이나 찻값 정도는 후배가 낼 수 있도록 양보

해주세요. 입 대신 지갑을 열려는 자세는 정말 높이 평가합니다. 이젠 입보다 귀를 더 크게 여실 때 맞습니다.

4. 눈물 글썽이셔도 됩니다. 후배 앞이라고 창피해할 필요 없습니다. 험난한 인생 역정사를 듣고 있노라면 저도 가슴이 뭉클해집니다. 다만, 레퍼토리 좀 다른 걸로 바꿔주든지 편집 좀 새롭게 해주세요. 그게 그거인 데다 하도 리플레이해서 이젠 그 추억이 선배 것인지 제 과거인지 분간이 안 될 지경입니다. 감정에 솔직해지는 것, 그거 인간답고 아름다운 일입니다.

5. 세상에서 가장 무섭지 않은 게 무엇인지 아세요? 제 생각에는 책을 읽지 않는 어른입니다. 30분만 같이 얘기해보면 금세 그 사람의 바닥이 드러나더군요. 책을 읽는다는 건 시대를 산다는 것이고 세상사에 참여한다는 것이고 자기 생각을 가진다는 것이잖아요. 어떤 책을 흥미롭게 읽었노라고 말할 때 선배가 그렇게 근사해 보일 수가 없습니다. 선배에게서 선배만의 균형 잡힌 생각을 들을 때 자주 만나고 싶어집니다.

6. 회사에 올 때 아웃도어 같은 옷 좀 입고 오지 마세요. 곧 명퇴하고 산으로 떠날 것 같아서, 프로다워 보이지 않아서, 취미와 직업을 분간하지 못하는 것 같아서 불길하고 불안합니다. 점심 먹고 배 튀어나온다고 바지 후크 풀고 다니지 좀 마세요. 바지 허릿단을 늘리시든지 헬스장 가서 원상복구 좀 하세요. 담배냄새, 술 냄새 풍기지 마시고 멋지게 차려입고 다니세요. 형수가 바람 못 피우게 한다고 어중간하게 짧은 바짓단의 양복바지 입히시거든 과감하게 찢어버리세요. 여자만 화장해야 하는 거 아닙니다. 나이 들수록 연애하는 기분으로 살아야 합니다. 선배의 내면처럼 그런 중후하고 격조 있는 모습이 외양에서도 보이면 좋겠습니다.

7. 형수 자랑 좋습니다. 자식 자랑 좋습니다. 백두대간 종주 자랑 좋습니다. 행복해 보여서, 선배다워 보여서 참 좋습니다. 부럽고 멋진 인생입니다. 그런데 거기까지만입니다. 투기한 땅값이 또 올랐다느니, 상속받을 유산이 얼마라느니, 몇백만 원짜리 와인을 마셔봤다느니, 내 불알친구가 총장이 됐다느니 그건 안 들은 걸로 하겠습니다. 기억에도 남지 않고 선배 이미지 제고에도 전혀 도움이 안 됩니다.

8. 대통령 하는 일이나 정치 돌아가는 꼴들이 영 마뜩잖은 것 잘 압니다. 그렇다고 싸잡아 고래고래 분별없이 쌍욕을 날리지 않으셨으면 좋겠습니다. 보수든 진보든, 체통을 지키셨으면 좋겠습니다. 그들보다 우리 의식수준이 훨씬 높은 걸로 알고 있는데 우리도 그들처럼 괴물이 될까봐 심히 우려됩니다. 쌍욕부터 날리지 마시고, 선배의 인격으로 냉철한 비판의 말을 조곤조곤 들려주세요. 낮고 조리 있는 선배의 고견에 귀 기울일 준비가 돼 있습니다.

9. 밥 먹으러 갈 때 메뉴 먼저 정하지 마세요. 한 번쯤 일행에게 물어봐주세요. 선택권도 줘보세요. 새로 개척한 맛집에 데려가주세요. 새로 시작한 숲 해설사 공부와 새로 시작한 클라이밍에 대해서 들려주세요. 나는 아직 모험 중이고 나는 아직 설레고 있다고, 나는 사사로운 권위를 내려놓은 대신 나를 위한 새로운 선택권을 늘려가고 있다고, 선배의 건재함을 보여주세요.

10. 이젠 근엄을 떼어내려고 애쓸 때입니다. 가만히 있으면 엄숙과 체면이 선배에게 다닥다닥 달라붙을 겁니다. 아이와 장난치는 법을 잊어버리지 마세요. 아내에게 애교도 떠시고 시시콜콜한 모임이 싫더라도 동창회

도 나가시고 페북 사람들과 번개도 하세요. 문학 강연회도 쫓아다니시고 음악회도 가시고 전시회도 가세요. 제발 가장 늦게까지 회사에 남아 있지 마세요. 제발 가장 빨리 회사에 오지 마세요.

– 무명씨

어떤가? 마음에 새길 만한 내용들도 있지 않은가? 필자는 이 글을 보고 랠프 월도 에머슨의 '그 사람을 아는 법'이라는 글이 떠올랐다. 나는 밀레니얼세대에게 어떤 사람으로 비치고 있을까? 생각해볼 일이다.

그 사람을 아는 법
그가 읽은 책과 / 그가 사귀는 친구 / 그가 칭찬하는 대상
그의 옷차림과 취미 / 그의 말과 걸음걸이 / 눈의 움직임
방을 보면 / 그 사람을 알 수 있다
– 랠프 월도 에머슨의 《스스로 행복한 사람》 중에서

요즘 것들의
소통 특징

세대별 소통, 무엇이 다를까

필자가 팀장일 때 겪은 일이다. 회사생활을 이제 막 시작한 후배 직원과 같은 팀에서 일하게 되었다. 한번은 고객사에 교육프로그램을 제안하게 되어 미팅을 하며, 제안방향을 함께 논의하고 제안서 작성을 맡겼다. 제안에는 항상 고객사가 요구하는 데드라인이 있다. 고객사에 늦지 않게 제출하기 위해 미리 검토할 시간까지 고려해서 마감 시간을 알려주었다. 그런데 시간이 지났는데도 깜깜무소식이었다.

> 필자: 엊그제 그 제안서 보냈어? 시간이 지난 것 같은데….
> 후배 직원: 아, 그거요. 팀장님이 오전까지 초안 작성하라고 하셔서 아까 12시 좀 안 돼서 메일로 보내 드렸어요.
> 필자: 어, 그래?!

확인해보니 후배 직원의 말대로 12시 10분 전에 메일이 와있었다. 하지만 여러 업무로 바쁜 관리자가 메일을 수시로 확인하기란 쉽지 않다. 전화나 문자로 메일을 보냈다고 알렸으면 좋았을 텐데 하는 생각에 아쉬운 마음이 들었다.

사실 이런 소통의 문제는 요즘 젊은 후배 직원들과 커뮤니케이션을 하다 보면 종종 발생한다. 이 사례에는 세대 간 소통의 특징이 숨어있다. 온라인 커뮤니케이션이 익숙한 밀레니얼세대 직원과 면대 면이나 전화 커뮤니케이션이 더 익숙한 기성세대 간 소통의 차이를 잘 보여준다. 후배 직원 입장에서 보자면 선배 직원이 메일을 수시로 확인하면 해결될 문제다. 선배 직원은 후배 직원보다는 챙겨야 할 업무가 많은 것이 현실이다. 그렇다 보니 중간 상황을 직접 면대 면으로 전달해주거나 전화나 문자로 전달해주길 바란다. 따라서 수시로 후배 직원이 하는 업무의 진행상황을 확인하는 선배 직원의 노력과 업무 상황을 잘 보고하고 공유하는 후배 직원의 노력이 동시에 필요하다.

그 전에 서로 다른 세대 간 소통의 특징을 이해한다면 더 원활한 소통이 가능할 수도 있다. 세대별 소통의 특징을 다음 표에서 정리해 보았다. 특징적인 몇 가지는 꼭 알아둘 필요가 있다. 면대 면 커뮤니케이션을 원하는 것은 모든 세대에게서 공통적이다. 다만 기성세대일수록 면대 면에, 젊은 세대일수록 온라인에 더 익숙하다. 기성세대일수록 수직적 의사소통이, 젊은 세대일수록 수평적 의사소통이 편하다. 밀레니얼세대는 일방적인 지시보다는 협력적이고 수평적인 소통에 익숙하다. 그러므로 선배 직원은 규칙적이고 구체적으로 피드

세대별 소통의 특징

구분	전통세대	베이비붐세대	X세대	밀레니얼세대
선호하는 소통	면대 면	면대 면, 원하면 전화/이메일	전화/이메일, 필요할 경우 면대 면	온라인, 휴대폰
통신수단	공식 서한	전화	문자, 이메일	문자, SNS
소통 방식	상명하복	신중한	연결 (Hub and Spoke)	협력적
멘토링	필수적이지 않다	부정적인 의견은 잘 다루지 않는다	피드백을 받을 필요가 없다	일정한 피드백이 필요하다
피드백	필요할 때 충고식 전달	공식적 문서 피드백	솔직하고 즉각적인 피드백	클릭처럼 빠른 피드백
경제적 의사결정 시	대면 미팅 선호	대면 미팅 선호 온라인 선호 증가	온라인 선호 시간이 허락하면 면대 면	면대 면 선호 친구 & 온라인 전문가 집단(덕후) 선호

백해야 한다. 쉽게 이해하자면 부모와 같은 멘토의 역할을 하는 것이 효과적이다.

영화 '인턴'에서 배우는 소통 꿀팁

로버트 드 니로가 인턴사원 벤으로 열연한 '인턴'이라는 영화가 있다. 이 영화의 또 다른 주인공은 창업 1년 남짓 만에 직원 200명이 넘는 회사를 만들어 성공한 줄스를 연기한 앤 해서웨이다. 30세의 열정적인 CEO 줄스는 밀레니얼세대의 특징을 잘 보여주는 인물로 그려진다. 이 영화는 베이비붐세대로 70세의 베테랑인 인턴사원 벤이 직장 생활에서 얻은 노하우와 경험을 살려, 밀레니얼세대가 대부분인 조직에서 어떻게 소통해나가는지 그려내 의미 있는 시사점을 던져주었다.

영화를 본 사람이라면 로버트 드 니로의 연기에 감동받았을 것이다. 필자는 영화 속 인턴 벤에게서 기성세대가 밀레니얼세대와 어떻게 소통해야 할지 몇 가지 생각해보았다.

첫째, 밀레니얼세대를 믿고 먼저 마음을 연다. 벤은 일찍 출근하고 늦게 퇴근하는 베테랑세대의 성실함으로 밀레니얼세대의 신뢰를 얻는다. 밀레니얼세대를 이해하기 위해 부단히 노력하며, 그들을 신뢰하고 먼저 다가가 마음을 연다.

둘째, 내 생각을 강요하지 않고 상대방의 입장을 이해하려고 노력한다. 밀레니얼세대 직원을 바꾸려하지 않고 그들을 이해하려고 하는 벤의 태도가 인상적이다. 다름에 대한 이해가 곧 소통의 출발임을 보여준다.

셋째, 꼰대가 아니라 어른답게 멘토 역할을 자청한다. 경영방식, 일하는 방식, 리더십 등 기성세대가 옳다고 믿었던 과거의 방법들은 현재 유효하지 않은 경우가 많다. 벤은 과거의 성공경험을 내세우지 않고 밀레니얼세대 직원들이 일하는 모습을 보며 자신의 역할을 찾아간다. 그렇게 만들어낸 역할이 바로 '멘토'였다. 벤은 자기 생각을 강요하지 않으면서 밀레니얼세대가 놓치는 것들에 대해 자상한 부모처럼 멘토가 되어준다. 얼마 지나지 않아 벤을 믿고 따르는 직원이 늘어나고, CEO에게 신뢰를 얻으며 가정문제까지 상담해주는 직속 운전기사가 된다. 기성세대로서 꼰대의 입장에서 벗어나고자 노력하는 기성세대라면 이 영화를 강력히 추천한다.

달라도 너무 다른, 요즘 것들의 소통 특징

많은 기성세대가 요즘 것들과의 소통에 어려움을 호소한다. 기성세대를 당황하게 하는 요즘 것들의 모습은 그야말로 천태만상이다. 기성세대 선배 직원의 목덜미를 잡게 하는 밀레니얼세대 직원의 소통을 어떻게 봐야 할까? 기성세대는 밀레니얼세대를 이해하고 그들의 소통 특징을 알아야 한다. 그래야 원활한 소통이 가능하다.

앞서 살펴본 밀레니얼세대의 7가지 DNA를 기억할 것이다. 밀레니얼세대의 소통 특징은 DNA에 따라 다음과 같이 정리할 수 있다.

DNA를 통해 본 요즘 것들의 소통

질문자 – 말을 자르는 순간 마음을 닫는다

조급증 어른이 – 10분 이상 답을 기다리지 못한다

학습자 – 배울 게 없으면 쌩깐다

최신 기술 숙련자 – 혼자가 편한 온라인 소통의 전문가다

의미 추구자 – 명확한 설득 논리를 원한다

현실주의자 – 멘토가 아니라 진솔한 소통의 파트너를 원한다

성취주의자 – 연줄 따윈 관심 없고 공정한 평가와 대우를 원한다

말을 자르는 순간 마음을 닫는다

각자 일로 바쁜 팀원들이 오래간만에 함께 점심을 먹게 되었다. 김 팀장은 한턱내기로 한다. 종종 가던 회사 근처 식당에 가서 자리를 잡고 메뉴를 고른다. X세대 박 과장과 이 과장은 눈치를 보면서 팀장이 먼저 메뉴를 선택하기를 기다린다. 밀레니얼세대 최 사원은 가장 비싼 메뉴를 덥석 고르고는 만족스러운 듯 싱글벙글 웃는다.

자기 생각을 얘기하지 않고 꿀 먹은 벙어리였던 기성세대와 달리 요즘 것들은 의사표현에 적극적이다. 그들은 사장이나 임원 앞에서도 거침없이 얘기한다. 겸손이 미덕이던 기성세대와는 다르게 명확한 자기표현을 훈련받은 세대이기 때문이다. 질문자인 밀레니얼세대는 상명하복의 일방적 지시보다는 수평적 커뮤니케이션에 익숙하다. 성실하고 교육열 높은 베이비붐세대인 부모(특히 엄마)는 그들의 좋은 멘토였다. 학교나 학원에서도 마찬가지다. 선생님은 명령자가 아닌 수평적인 조언자에 가까웠다. 밀레니얼세대는 직장에서도 부모나 선생님 같은 멘토를 찾으며, 소통할 때 동등한 대우를 받기를 원한다.

그들은 기성세대와 달리 서구적인 사고와 소통 방식에 더 익숙한 세대이기도 하다. 기성세대보다 외국문화에 영향을 더 많이 받았기 때문이다. 그래서 수평적인 소통을 더 선호하는 성향을 보인다.

10분 이상 답을 기다리지 못한다

"어떻게 메신저로 업무 협의를 하나? 얼굴을 보고 해야지." 기성세대가 흔히 하는 얘기다. 하지만 컴퓨터, 스마트 기기에 익숙한 요즘 것들에게는 온라인 텍스트를 통한 커뮤니케이션 방식이 보다 빠르고 효율적이라는 사실을 알아야 한다. 그들이 면대 면 커뮤니케이션을 못하거나 불편하게 여겨서가 결코 아니다. 학교나 학원에서 발표, 토론 수업, 팀 프로젝트에 익숙하기 때문에 요즘 것들은 오히려 기성세대보다 의사표현에 적극적이고 자신감도 충만하다.

요즘 것들은 소통의 이슈가 발생하면 SNS, 메신저 등 온라인 환경에서 빠르게 의견을 공유한다. 항상 '대기모드'라고 이해하면 편하다. 회사에서 발생하는 어지간한 이슈는 거의 실시간으로 단톡방(단체카톡방)에 공유한다. 예를 들어 같은 부서 팀장이 임원에게 보고하던 중에 대판 깨지는 상황이 발생했다. 그러면 그 상황은 가까운 거리에 있는 밀레니얼세대 직원을 통해 거의 실시간으로 사내 동료들에게 생중계된다. 그래서 팀장이 자리에 복귀하기 전 같은 부서 팀원들은 이미 분위기 파악을 끝내고 팀장을 맞이한다. 필자가 근무한 회사에서도 이런 사례는 종종 있었다.

배울 게 없으면 쌩깐다

"다들 바쁜 것 알면서 혼자 칼퇴근하네. 저 친구 제정신 맞아?" 기성세대 직원이 요즘 것들은 협동심이 부족하다고 질타하면서 많이 하는 얘기 중 하나다. 입사한 지 5개월 된 밀레니얼세대 김 사원, 약속이 있다며 오늘도 칼퇴근이다. 한창 프로젝트로 바쁜 다른 팀원들은 도무지 이해가 안 된다는 눈치다. 벌써 3일째 혼자 정시에 퇴근하기 때문이다.

사실 김 사원은 퇴근 후 SNS에서 정보를 얻은 5일짜리 교육프로그램을 신청해서 다니고 있다. 밀레니얼세대는 배우는 데 매우 익숙한 세대다. 설령 학원을 안 다닌다면 온라인을 통해서라도 지식을 습득한다. 또한, 학습자인 밀레니얼세대는 자신을 위한 투자에 적극적이다. 성인이 되어서 자기 탐색을 시작한 세대이기도 하다. 그래서 자신의 관심 분야를 찾아내서 기꺼이 투자한다. 또 자신에게 맞는 것을 적극적으로 발굴하고 소비한다. 밀레니얼세대가 능력을 갖추고 있으면서 배울 점도 많은 육성형 리더를 선호하는 것은 학습 욕구가 강해서다.

밀레니얼세대는 오프라인에서는 부모나 친구의 영향을 받고, 온라인에서는 '덕후'라는 해당 분야 전문가들에게 영향을 많이 받는다. 기성세대 선배 직원들은 그들을 이해하기도 어렵지만 그들에게 인정받기도 쉽지 않다고 자주 얘기한다. 실제 한국언론진흥재단에서 2015년 조사한 자료를 보면 '나는 전문가의 말을 믿는 편이다'라는 문항에 '그렇다'고 대답한 비율이 40대 이상은 54.8%인데 반해 30대는 51%, 20대 이하는 44.2%로 나타났다. 밀레니얼세대는 다른 세대보다 상대적으로 전문가의 말을 덜 믿는다는 사실을 알 수 있다. 이뿐 아니라 과거의 관습과 권위에 대해 더 부정적인 성향을 보인다는 것을 확인할 수 있다.

혼자가 편한 온라인 소통 전문가다

"팀장님, 저 오늘 약속이 있어서 팀 회식 참석 못할 것 같아요. 죄송해요." 상사의 예정에 없던 갑작스러운 회식 공지에 밀레니얼세대 직원이 이렇게 대답한다. 이런 대답에 기성세대 선배 직원의 마음이 편할 리 없다. 그렇다고 회식에 참석하라고 강요하기도 애매하다. 얼핏 보면 밀레니얼세대가 이기적이라는 생각이 드는 상황이다. 하지만 이 경우 개인적이라고 표현하는 것이 더 정확하다. 집단의 가치보다는 개인의 가치를 더 중요하게 생각하기 때문이다. 밀레니얼세대는 회식을 조직생활의 일부라고 생각하지 않는다. 그들은 기성세대보다 집단성이 강하지 않다. 이는 이 세대가 태어난 시절의 출산율이 평균 1.5명이 채 안 되는 데서 원인을 찾을 수도 있다. 1970년 4.53명이던 출산율은 1980~1990년대 들어서면서 1명 초반까지 급감했다. 그래서 밀레니얼세대는 외동이거나 형제가 1명인 경우가 많다. 대부분이 가정에서 혼자 성장하다 보니 자연히 연대의식이 약하고 혼자가 편할 수밖에 없다.

　기성세대에 비하면 밀레니얼세대는 오프라인에서 친구나 동료가 부족할지 몰라도 컴퓨터나 스마트폰으로 연결된 온라인에서는 상황이 달라진다. 밀레니얼세대에게 온라인은 소통의 공간으로서 현실을 확장해 놓은 공간이다. 그들에게는 자연스러운 나눔의 장소이자 유희의 공간이다. 기성세대가 밀레니얼세대와의 소통 공간을 현실세계로 한정 지을 것이 아니라 온라인 공간으로 더 확장해야 하는 이유가 여기에 있다.

명확한 설득 논리를 원한다

월요일 아침, 사장이 주재하는 조회에서 졸고 있는 젊은 직원이 몇 몇 눈에 띈다. 어느 회사에서든 흔히 볼 수 있는 풍경이다. 학창시절 조회 때와 비슷하지 않은가? 회사는 조회로 회사 차원에서 공식적인 메시지를 전달하고자 한다. 구성원들의 참여나 관심은 생각만큼 높지 않다. 판에 박힌 조회를 이제 바꿀 필요가 있다. 명분과 메시지가 있어야 한다. 재미까지 있으면 금상첨화다. 특히 밀레니얼세대에게는 더 그렇다. 밀레니얼세대는 명확한 이유를 알기 원한다. 그래서 그들을 '와이(Why)세대'라고도 한다. 필자가 아직도 생생하게 기억하는 일화 하나가 있다. 팀 후배 직원에게 좀 더 노력하라는 의미에서 그가 작업한 아웃풋이 마음에 안 든다고 한 적이 있다. 그러자 후배 직원이 미팅을 요구했다. 왜 마음에 안 드는지 설명해 달라는 것이었다. 진땀을 흘리며 몇 시간을 상담한 기억이 난다.

다른 사례를 하나 더 소개한다. 필자가 몸담은 교육기관은 특성상 직원들을 대상으로 한 내부 교육이 많은 편이다. 일을 통한 학습이 일반적이다 보니 수시로 미팅, 워크숍이 있다. 특히 업무 경험이나 지식이 부족한 주니어를 대상으로 한 교육이 많다. 필자가 모시던 한 임원은 미팅이나 워크숍을 본격적으로 시작하기에 앞서 늘 빼먹지 않고 하는 일이 있었다. 참석한 사람들에게 왜 이 활동을 하는지 그 이유를 설명해줌으로써 활동의 목적을 충분히 이해를 시키는 것이었다. 그분은 요즘 젊은이들이 명확한 목적과 이유를 알고 싶어 한다는 사실을 잘 이해하고 있었다.

밀레니얼세대 직원이 조회시간에 졸고 있다면 전날 야근해서 피곤하거나 혹은 애초에 뻔한 얘기라 지루해서 그럴 수도 있다. 하지만 조회의 목적에 충분한 공감대가 형성되지 않아서 그럴 수도 있다. 밀레니얼세대를 대상으로 신입사원 오리엔테이션을 한다고 가정해보자. 바로 오리엔테이션에 들어가지 말고 그전에 충분히 교육의 목적을 전달할 필요가 있다. 이런 과정 없이 부모님이 잔소리하듯 뻔한 얘기를 늘어놓는다면 그들은 금방 지루해할 것이다.

멘토가 아니라 진솔한 소통의 파트너를 원한다

회사에서 둘째가라면 서러울 만큼 모범적인 X세대 김 이사가 예상보다 일찍 고객사에서 제안 요청서를 받았다. 금액이 큰 대형 제안 건이었다. 공교롭게도 제안서 작성기간이 미리 잡아놓은 여름휴가 기간과 겹쳤다. 그는 신청한 휴가를 취소하지 않은 채 정상 출근해서 휴가 기간 내내 제안서 작업을 챙겼다. 이런 성실한 모습은 사내에서 누구나 인정할 만큼 정평이 나있다. 밀레니얼세대 직원 입장에서는 이런 모습을 납득할 수 없다. 같은 상황에서 그들에게 휴가를 취소할 것을 요청한다면 사표를 들이밀지도 모른다.

팀은 회사 일로 바쁜데도 당당하게 휴가를 내는 밀레니얼세대 직원이 낯설 것이다. 하지만 기성세대는 이를 수용할 수 있어야 한다. 밀레니얼세대에게 일은 삶만큼 중요하지 않다. 아니, 일이 중요하지 않은 것이 아니라 삶이 더 중요하다. 밀레니얼세대는 이러한 자신들의 특징을 이해하고 오히려 쿨하게 휴가를 보내줄 선배 직원을 원한다. 마지못해 휴가를 보내주는 것이 아니라 진심으로 공감하기를 바란다. 이것이 기성세대가 모르는 밀레니얼세대의 특성이다. 그들을

알아야 한다. 학습만으로는 부족하다. 그들의 특성을 알고 진솔하게
조언하고 인내해야 한다.

연줄 따윈 관심 없고 공정한 평가와 대우를 원한다

동문회 한번 제대로 참석하지 않던 필자는 최근 우연한 계기로 고등
학교 재경 동문체육대회에 참석했다. 동문회 행사는 토요일 아침부
터 시작해 오후 4시까지 진행되었다. 이 체육대회에서 흥미로운 사
실을 발견했다. 343명의 참석인원 중 밀레니얼세대는 거짓말처럼 단
한 명도 볼 수 없었다. 그들이 기성세대와 달리 연줄을 챙기는 집단
성이 약한 세대임을 직접 눈으로 확인하는 기회였다.

밀레니얼세대는 반집단성까지는 아니지만 개인성이 강하다. 이 때
문에 기성세대와 달리 혈연, 지연, 학연으로 끈끈하게 뭉치는 데 익숙
하지 않다. 예를 들어 밀레니얼세대는 인사평가에서 연고주의가 개
입하는 것에 부정적이다. 오히려 공정하게 평가받고 그에 걸맞은 대
우를 받기 원한다. 젊은 세대는 나이 든 세대에 비해 경쟁에 도태되
지 않으려는 욕구가 더 강하다. 그들은 승진도 나이에 따른 위계보다
실제 업무능력에 따라 이루어져야 한다고 생각한다. 그래서 능력주
의, 성과주의적 태도가 강하게 나타난다.[13]

요즘 것들의
속마음 읽기

2010년 4월 삼성경제연구소에서 CEO 회원 407명을 대상으로 소통에 관한 의미 있는 설문을 했다. 이 조사에서 '직원과 소통 시 벽을 느끼는가?'라는 질문에 88.7%가 '그렇다'라고 답했다. 직원과 소통 시 장벽이 생기는 이유로는 '생각 차이(38.6%)'라는 응답이 가장 많았다. 그다음은 정보 왜곡(16.6%), 상명하복의 위계문화(16.1%), 경직된 분위기(10.3%) 등의 순이었다. 이 결과는 기성세대와 젊은 세대 간에 상호 다름을 인정하고 이해하는 것이 절실함을 반증한다. 기성세대가 먼저 밀레니얼세대의 소통 방식을 이해하고 그에 맞게 적절한 소통 스킬을 발휘해야 한다. 여기에서는 요즘 것들이 원하는 소통 모습과 그에 적합한 소통 방법을 모색해보자.

필자가 그동안 인터뷰와 워크숍 등을 통해 만난 밀레니얼세대가 요구하는 소통의 특징을 한 마디로 표현하면 "우리를 인정해달라!"라는 것이다. 이에 '인정하라'라는 메시지를 담은 단어 'ACCEPT'의

밀레니얼세대의 속마음을 읽는 소통 6계명

A**nalyzing**	C**onnecting**	C**oaching**	E**qualizing**	P**ersuading**	T**eam-building**
1계명	2계명	3계명	4계명	5계명	6계명
그들의 언어와 소통 방식을 분석하라	빠르게 피드백하고 내외부의 연결을 도와라	평가나 질책보다 코칭하고 대화하라	자유로운 소통을 위해 동등하게 대우하라	명분과 함께 구체적으로 설득하고 칭찬하라	수시로 대화하며 삶을 경청하라

각 알파벳을 활용해 밀레니얼세대와의 효과적인 소통 원칙 6계명을 제시하고자 한다.

계명1 그들의 언어와 소통 방식을 분석하라

앞선 설문조사에서 직원과 소통 시 장벽이 생기는 이유가 '생각의 차이'라고 했다. 생각을 담아내는 그릇은 바로 '언어'다. 그 사람이 쓰는 언어를 보면 그 사람의 됨됨이를 알 수 있다. 생각의 차이는 언어의 차이를 가져온다. 밀레니얼세대가 쓰는 언어를 살펴보면 그들의 생각을 엿볼 수 있다. 언어는 그 세대의 특징을 고스란히 담고 있기 때문이다.

예를 들어 기성세대가 잘하는 얘기가 있다. "요즘 것들은 노력과 열정이 부족하고 눈이 너무 높아!" 요즘 것들은 아마 억울함을 담아 이렇게 말할 것이다. "우리가 노오오오력과 여어어열정이 부족하고 누우우운이 높다고?"

　기성세대는 밀레니얼세대를 단순히 이해하는 수준을 넘어 그들의 삶을 공감해야 한다. 기성세대는 밀레니얼세대에 대해 배우고 알아야 할 것이 많다. 그중에서도 그들이 쓰는 언어부터 배울 필요가 있다. 이는 그들과 소통 시 겪는 어려움을 해결하기 위한 좋은 실마리가 된다. 이제부터 그들이 쓰는 언어를 슬쩍 엿보자.

요즘 것들의 언어

하상욱은 1981년생 밀레니얼세대인 시인이다. 그는 선시(禪詩)나 하이쿠 시처럼 짧으면서도 절묘한 몇 줄의 시로 요즘 우리 세태를 표현해낸다. 기존 시인이나 문인 입장에서는 그의 시가 불편할 수도 있지만 긍정적으로 해석하자면 그는 기존 시에 대한 고정관념을 깨고 시의 영역을 확장했다. 또 최근에 배달의 민족이라는 회사에서 '배민 신춘문예'를 만들었는데, 과거 시인이나 소설가의 등용문이었던 신춘문예를 능가하는 인기를 얻고 있다. 얼마 전 퇴근길에 지하철 광고 간판에서 배민 신춘문예 대상 수상작을 발견했다. 요즘 것들의 기발한 창의성과 언어의 확장성을 잘 보여주기에 부족함이 없었다.

　밀레니얼세대의 언어는 참신하면서도 재미있게 때로는 발칙하게 시대상황을 잘 반영한다. 그들의 언어를 찬찬히 들여다보자. 그들이 요즘 어떤 상황에 처해 있는지, 무엇을 고민하고 기대하는지 발견할 수 있다. 2016년 잡코리아에서 직장인 1,051명을 대상으로 직장생활을 가장 잘 반영하는 신조어에 대해 설문한 결과를 살펴보면, 요즘 직장인들이 어떤 고민을 하는지 넌지시 확인할 수 있다. 밀레니얼세대 직장인에게 요즘 직장은 긍정적인 점보다 부정적인 점이 더 많은 곳으로, 그들이 직장생활에 얼마나 힘겨워하고 있는지 드러난다.

직장생활 신조어[14]

1위 월급 로그아웃(28.9%), 2위 직장살이(22.0%), 3위 반퇴 세대(20.8%)

4위 메신저 감옥(20.7%) , 5위 야근각(19.5%), 6위 쉼포족(18.2%)

7위 실어증(18.6%), 8위 타임푸어(11.1%), 9위 혼밥족(9.5%), 10위 사축(9.3%)

직장생활을 가장 잘 반영한 신조어는 통장에 들어오자마자 카드값과 세금 등 각종 고정비로 즉시 출금되는 직장인의 월급을 나타내는 '월급로그아웃(28.9%)'이었다. 다음으로 직장생활을 시집살이에 빗댄 '직장살이', 주로 40대 직장인이 높게 응답한 조기퇴직 후 새로운 일자리를 찾는 세대를 일컫는 '반퇴세대' 순이었다. 이 밖에 일하기 싫은 증세를 표현한 '실어증(일하기싫어증)', 회사에서 가축처럼 일하는 직장인을 의미하는 '사축'까지. 신조어를 살펴보면 요즘 세대가 직장생활을 버거워하고 있다는 사실이 읽힌다. 그만큼 그들에게 치유가 필요하다고 해석할 수 있다. 밀레니얼세대는 일 때문에 자신의 여가와 삶을 소홀히 하는 것을 기성세대보다 한층 더 싫어한다. 기성세대 입장에서 그런 젊은 세대를 도울 방법이 무엇일지 고민해봐야 한다.

신조어들을 더 살펴보자. 야근이 일상이 된 '프로야근러'가 눈에 띄고, 눈치 보여 휴가내고도 출근하는 것을 '출근휴가'라고 한다. 워크 앤 라이프 밸런스의 줄임말인 '워라밸'은 균형 잡힌 삶에 대한 열망을 반영한 단어다. 퇴직 후 국민연금을 받을 때까지의 기간을 빙하의 깊은 균열에 빗댄 '퇴직크레바스'라는 말도 있다. 또 반퇴세대가 퇴직 후 살아가는 데 필요한 자산을 '반퇴자산'이라고 한다. 젊은 세대와의 격차를 좁혀보겠다고 아등바등하며 썰렁개그를 남발하는 직장상사는 '아재상사'라고 한다. 필요 이상 회의를 많이 하는 사람은 '회의주의자'라고 하며, 어느 직장이든 또라이는 예외 없이 꼭 있다는 '또라이 질량보존의 법칙'이라는 말도 존재한다. 이처럼 다양한 신조어에서 불편한 직장상사와 업무환경 때문에 어려움을 겪는 밀레니얼세대 직장인의 모습이 묻어난다.

모바일과 인터넷 사용이 늘면서 새로운 유형의 신조어가 끊임없이 생겨나고 또 사라진다. 지금도 네이버 오픈사전에는 계속해서 신조어가 업데이트된다. 얼마 전 고향에 내려갔다가 '해피투게더'라는 프로그램을 봤는데, 필자의 시선을 끈 것은 요즘 세대 젊은이가 자주 쓰는 신조어를 퀴즈로 푸는 코너였다. MC 유재석이 게스트로 출연한 젊은 여자 아이돌 못지않게 많은 문제를 맞히는 것을 보고, 그의 소통 능력은 이렇게 젊은 세대의 문화를 이해하는 노력에 있다는 생각이 들었다.

요즘 것들이 쓰는 말, 얼마나 아는가

요즘 것들이 쓰는 언어는 그들의 문화를 고스란히 담고 있다. 당신은 요즘 세대의 언어를 얼마나 이해하고 있다고 생각하는가? 요즘 젊은 이들이 자주 쓰는 대표적인 신조어 10개를 문제로 제시한다. 신조어 옆에 의미를 써보자.

신조어 퀴즈

1. 열폭: _____

2. 꿀잼: _____

3. 관종: _____

4. 취존: _____

5. 사바사: _____

6. 고나리자: _____

7. 고나리: _____

8. 케바케: _____

9. 아아: _____

10. ㅇㄱㄹㅇ: _____

맞힐 만한가? 과연 몇 문제나 답을 알고 있는가? 정답은 다음에 나오는 '알아야 할 요즘 것들 어휘 사전'을 참고하면 된다. 맞힌 답을 확인하면서 요즘 젊은 세대가 많이 사용하는 신조어를 익히기 바란다.

신조어에 드러난 요즘 것들의 일상을 추적하고 추측해보자. 열등감 폭발을 의미하는 '열폭'에서는 비교 과잉과 분노 사회의 현실을 볼 수 있다. 정말 재미있다는 의미를 가진 '꿀잼'에서는 그들이 자신의 삶에서 다양한 즐거움을 찾고 있음을 읽을 수 있다. '관종'은 다른 사람의 관심을 받기 위해 수단과 방법을 가리지 않는 사람을 일컫는 '관심 종자'의 줄임말이다. 이는 소외된 삶 속에서 관심받기를 바라는 요즘 것들의 모습을 역설적으로 보여준다.

요즘 것들을 이해하려는 마음으로 그들이 쓰는 단어가 어떤 것인지 천천히 공부한다고 생각하고 살펴보자. 몇 가지 신조어는 기억해 두었다가 집이나 직장에서 젊은 사람들과 대화할 때나 SNS로 소통할 때 슬쩍 활용해보기를 추천한다. 단, 충분히 학습해서 상황에 맞게 적절히 사용해야 공부한 티가 덜 날 것이다. 자칫하면 아재개그로 전락할 테니 말이다. 밀레니얼세대는 당신이 외계어를 능숙하게 구사하길 원하지 않는다. 소통하고자 노력하는 마음만 읽어내도 고마워하지 않겠는가?

요즘 것들의 언어로 소통하라

앞에서 제시한 것 외에도 신조어는 많다. 학창시절 누구나 한 번쯤은 영어 단어장을 만들어 봤을 것이다. 단어장을 만들 듯 틈틈이 신조어들을 정리하면서 적극적으로 학습할 것을 추천한다. 필자도 이렇게 다양한 신조어를 찾고 정리하면서 나름 재미와 의미를 느꼈다. 그리고 딸아이와 서로 퀴즈를 내고 맞히면서 부녀지간에 친밀감을 높이는 데도 도움이 되었다. 요즘 것들의 어휘를 많이 배우면서 소통에 효과가 있음도 분명히 체험한 셈이다.

회사생활을 할 당시 명사를 초청해 특강을 들을 때가 종종 있었다. 그때 이름만 대면 알 만한 유명한 교수가 강의 도중 자신이 대학생들과 소통하기 위해 꼭 하는 한 가지 일이 있다고 소개했다. 매주 '개그콘서트'를 빼놓지 않고 보는 것이었다. 그는 그 프로그램에서 나오는 유행어를 익혔다가 강의할 때 사용하는데 반응이 의외로 좋다고 한다. 그 교수가 학생들에게 인기 있는 이유가 단지 개그맨들이 쓰는 최신 유행어를 활용했기 때문은 아닐 것이다. 중요한 것은 학생들에게 다가가기 위해 노력한다는 점이 아닐까?

요즘 젊은이들에게 인기 있는 TV프로그램을 활용해도 좋다. 그들이 일상에서 쓰는 언어에 관심을 두고 그들의 말줄임 수준을 체험해보기 바란다. 요즘 젊은이들이 컴퓨터와 스마트 기기에 얼마나 친숙한지, 취업과 업무전선에서 얼마나 치열하게 고뇌하는지 알아보자. 또 그들이 기성세대에 대해 얼마나 부정적인지를 파악하고 신조어에 숨어있는 사회적 함의를 찾아냈으면 한다. 요즘 것들에 대한 기성세대의 이해 수준이 얼마나 떨어지는지 깨닫는 기회가 될 것이다.

혹자는 이렇게 질문한다. 사실 요즘 것들만 그런 줄임말을 쓰는 것은 아니지 않냐고, 기성세대도 젊었을 땐 그들만의 줄임말을 쓰지 않았느냐고 말이다. 맞다. 줄임말과 신조어는 요즘 것들만의 전유물이 아니다. 기성세대가 만든 신조어 중에도 다양한 현실을 입힌 재치있고 재미있는 말이 많다. 마음먹고 찾으면 기성세대가 사용하던 신조어를 얼마든지 소환할 수 있다.

기성세대가 쓰던 신조어

옥떨메: 옥상에서 떨어진 메주

과사: 학과사무실

CC: 캠퍼스 커플

천재: 천하에 재수없는 놈

오리지날: 오리도 지랄하면 날 수 있다

노찾사: 노래를 찾는 사람들

기성세대도 쓰는 요즘 신조어

뇌섹남: '뇌가 섹시한 남자'의 줄임말로 주관이 뚜렷하고 언변이 뛰어나며 유머러스하고 지적인 매력이 있는 남자를 일컬음

아놔: 상대방의 황당한 말 또는 행동을 보았을 때 쓰는 표현. 지금 현재 자신의 기분이 안 좋거나 황당할 때 쓰는 말. "아, 진짜"의 줄임말

맥세권: 맥도날드 배달 가능 지역을 역세권에 빗대어 이르는 말

평타취: 게임에서의 기본 아이템을 사용해 나오는 평균타, 평타의 말에서 나옴. 평타는 일상에서 보통, 평균, 중간의 의미로 보통, 평균 수준

쓰랑꾼: 품성은 '쓰레기' 같지만 마음은 뜨거운 '사랑꾼'이라는 의미

알아야 할 요즘 것들 어휘사전

ㄱㄱ: '가다'라는 고고(GoGo)의 초성 줄임말로 게임에서 고고(빨리 시작해)하라고 할 때 쓰임

ㄱㄷ: '기다려'의 초성 줄임말

ㄱㅇㄷ: '많이'라는 뜻의 접두사 '개'와 '이득'이 합쳐져서 '아주 큰 이득' '아주 크게 이득을 보았다'라는 의미인 '개이득'의 초성 줄임말

ㄱㄲㅇㄷ: '개꿀이득'의 초성 줄임말로 '개이득(큰이득, 행운)'을 통해 알려

진 단어로 많이 쓰이며 '개' '꿀'은 '핵'처럼 강조할 때 쓰는 접두어

ㄴㄴ: '아니다'라는 의미의 노노(No No)의 초성 줄임말

ㅂㅂ: 바이 바이(Bye Bye)의 초성 줄임말

ㅂㅂㅂㄱ: '반박불가'의 초성 줄임말

ㅇㄱㄹㅇ: '이거 진짜야'라는 뜻을 가진 '이거 레알'의 초성 줄임말

ㅇㅈ: '인정'의 초성 줄임말

ㅈㄱㄴ: '제목이 곧 내용'이라는 뜻의 '제곧내'의 초성 줄임말

ㅌㅌ: '도망쳐'라는 의미의 '텨텨'의 초성 줄임말

#G: '시아버지'의 줄임말로 시아버지를 빠르게 발음하면 샵지 '#(Sharp) +

지(G)'로 소리가 남. 시압쥐, 시압지 등으로 표현함

가싶남: '가지고 싶은 남자'의 줄임말

갈비: '갈수록 비호감'의 줄임말

갓띵작 : '갓(God)이 만든 명작'의 줄임말로. '명'자가 '띵'자로 사용

　　예) 새 앨범은 갓띵작이다.

갓수: God과 백수의 합성어로 일이 없는 백수이지만 풍요로운 사람을

의미

건어물녀: '연애를 포기한 여자'를 의미

개룡남: '개천에서 용난 남자'의 줄임말

고나리자: '관리자'를 잘못 입력(오타)한 것을 의미

고나리: 관리자의 잔소리'를 비꼬는 말

고답이: '고구마를 먹은 듯 답답한 사람'을 의미

관종: '관심종자' '관심종결자'의 줄임말로 관심받고 싶어 하는 사람을 의미. '관종짓'은 관심을 받으려고 하는 사람이 하는 행동을 의미

광탈: 빛의 속도로 탈락한다는 뜻의 '광속탈락'의 줄임말

　　예) 나 어제 서류면접에서 광탈했어.

궁물: '궁금하면 물어보세요'의 줄임말

극혐: '극도로 혐오한다'의 줄임말

글설리: '글쓴이를 설레게 하는 리플'의 줄임말

꿀잼: '매우 재미있다'라는 의미로 '강조'하는 꿀과 '재미'를 의미하는 잼의 줄임말

꿀빨다: 군대에서 흔히 쓰는 말로 '편히 쉬고 있다'는 뜻

　　예) 오늘 첨 알바 갔는데 꿀빨다 왔다.

낄낄빠빠: '낄 때 끼고 빠질 때 빠져'의 줄임말

난희골혜: '나니고레'의 줄임말로 '이게 뭐야?'라는 뜻

남사친/여사친: 연인이 아닌 '남자(여자) 사람 친구'

낫닝겐: 'NOT + 닝겐(사람)'의 합성어로 사람이 아니라는 뜻. 자세히 풀이하면 능력이나 외모 등에서 사람이 아닌 것처럼 뛰어난 사람을 이르는 말

노오력: 젊은 세대들은 '노력'에 '오'자를 붙여서 사회구조적 모순으로 노력보다 더 큰 노오력을 해도 안 된다는 뜻의 풍자적인 말

눈팅: 인터넷 게시물에서 글쓰기, 리플 달기 등을 하지 않고 다른 사람들이 써놓은 글만 읽는 것, 눈으로만 보고 게임은 안 한다는 의미도 있음

답정너: '답은 정해져 있고 너는 대답만 하면 된다'는 의미의 줄임말

덕질: 덕후(오타쿠)로서 하는 행동

덕후: 일본어인 오타쿠(御宅)를 한국식 발음으로 바꿔 부른 말인 '오덕후'의 줄임말로 뜻은 오타쿠와 동일. 오타쿠는 1970년대 일본에서 등장한 신조어로 원래 집이나 댁(당신의 높임말)이라는 뜻이지만, 집 안에만 틀어박혀서 취미생활을 하는 사회성 부족한 사람이라는 의미로 사용. 어떤 분야에 몰두해 마니아 이상의 열정이 있고 흥미를 느끼는 사람이라는 긍정적인 의미로도 쓰임

딘치족: 저녁인 디너(Dinner)와 점심인 런치(Lunch)를 합성한 말로, 점심 겸 저녁을 의미

마상: '마음의 상처'의 줄임말

머글: 소설 '해리포터' 시리즈에서 나왔으며, 마법사가 아닌 마법을 못 쓰는 사람들의 총칭, 혹은 덕후들 사이에서 덕후가 아닌 사람을 칭하는 말

몰링족: 복합쇼핑몰과 같은 곳에서 쇼핑, 놀이, 공연, 교육, 외식 등의 여가활동을 한꺼번에 즐기는 소비계층을 일컫는 말

문송하다: '문과라서 죄송하다'의 줄임말

번달번줌: '번호 달라고 하면 번호 줄래?'의 줄임말

별다줄: '별걸 다 줄인다'의 줄임말

복세편살: '복잡한 세상 편하게 살자'의 줄임말

비담: '비주얼 담당'의 줄임말로 해당 무리에서 가장 잘 생기거나 예쁜 사람을 의미

　　예) 걸스데이는 혜리가 비담이지.

빛삭: '빛의 속도로 삭제'의 줄임말

빼박캔트: '빼도 박도 못한다(can't)'는 의미

뻐카충/교카충: '버스(교통)카드 충전'의 줄임말

사바사: '사람 by 사람'의 줄임말로 '사람마다 다르다'는 의미

사축: '회사의 사육하는 가축(동물)'의 줄임말로 '직장인'을 의미

성덕: '성공한 덕후'의 줄임말

세젤예: '세상에서 제일 예쁘다'의 줄임말

셈니: '시어머니'의 줄임말로 시모, 셈마로도 쓰임

솔까말: '솔직히 까놓고 말해서'의 줄임말

쉼포족: 쉼(휴식)을 포기할 정도로 바쁘고 고달픈 직장인을 의미

시강: '시선강탈'의 줄임말

시조새파킹: '시조새가 날아다니던 때만큼 오래된 이야기'라는 뜻

실어증: '일하기 싫어하는 증상'의 줄임말

심남: '관심이 가는 남자'의 줄임말

십덕: 덕후의 일본어 표현인 오타구 중 심한 오타구를 의미. '오타쿠 중의 오타구', 즉 5(오타쿠)+5(오타쿠)=10(십덕)

아아: '아이스 아메리카노'의 줄임말

애빼시: '애교 빼면 시체'의 줄임말

어그로: 온라인 게임에서 사용하는 것으로, 아군 한 명이 적들 앞에서 관심을 끌어 유인하는 것에서 유래. '어그로 끈다'라고 많이 사용. '어그로 글'은 모든 사람들이 관심을 갖고 보는 글을 의미

어덕행덕: '어차피 덕질할 거 행복하게 덕질하자'의 줄임말

연서복: '연애가 서투른 복학생'의 줄임말

　　예) 너 연서복 사귀어봤어?

열폭: '열등감 폭발'의 줄임말

영고: '영원히 고통받는다'의 줄임말로 한 가지 일이 지속적으로 언급될 때 쓰는 말

　　예) 혜리 저 사진 자꾸 나오네. 영고혜리ㅜㅜ.

와우내: 놀라움을 나타내는 감탄사인 'Wow'(와우)에서 파생된 말로 놀라운 감정을 귀엽게 표현한 것. 그룹 GOD 멤버 박준형이 인스타그램에서 쓰는 말투에서 비롯됨. 등으로 활용되며 '~하네'를 '~하내'로 잘못 쓴 것

인구론: '인문대 졸업생의 구십 퍼센트(90%)는 논(론)다'의 줄임말

입덕: 들 입(入)의 '입'과 덕후의 '덕'을 합쳐서 어떤 사람이나 물건 등을 좋아하기 시작한 것을 의미함. 즉 '덕후에 입문하다'는 뜻으로 열성팬이 된다는 뜻. 반대는 '탈덕'

장미단추: '장거리에서 보니 미녀(미남)인데 단거리에서 보니 추녀(추남)다'의 줄임말

지붕킥: 음원 서비스에서 실시간 이용량 1위를 하는 음악을 일컫는 말로 '최정상'이라는 뜻

지여인: 지방대 출신 여자 인문대생을 의미

최애: '최고로 사랑하는(愛) 사람'의 뜻

취존: '취향 존중'의 줄임말

커엽: '귀엽다'는 뜻으로 '귀'가 '커'와 비슷하게 생김

케바케: 그때그때 사례별로 다르다는 의미의 '케이스 바이 케이스(Case by Case)'의 줄임말

탈덕: 벗을 '탈(脫)'과 덕후의 '덕'의 합성으로 어떤 사람이나 물건 등을

싫어하기 시작한 것을 의미. 반대는 입덕

파덜어택: 아버지(Father)에게 공격(Attack)을 당했다는 의미의 합성어로 게임 도중 아버지가 들이닥쳐서 혼이 나는 것을 의미

패완얼: '패션의 완성은 얼굴'의 줄임말

팬아저: '팬은 아니지만 인상적이어서 (사진 등을)저장한다'의 줄임말

펫팸족: 반려동물(pet)과 가족(family)의 합성어로 반려동물을 가족처럼 여기는 사람들을 이르는 말

핑프: '핑거 프린스(프린세스)'의 줄임말로 최소한의 검색도 안 하고 물어보는 사람을 의미

할많하않: '할 말은 많지만 하지 않겠다'의 줄임말

현타: '욕구 충족 이후에 밀려오는 무념무상의 시간'을 뜻하며 '현자타임' '현실자각타임' 등의 줄임말

핵잼: '매우 재미있다'라는 뜻

호모인턴스: 호모(Homo)와 인턴(Intern)의 합성어로 정직원이 되지 못하고 이 회사 저 회사 떠돌아다니며 인턴 생활만 반복하는 사람을 일컬음

계명2 빠르게 피드백하고 내외부의 연결을 도와라

유능한 리더는 피드백이 빠르다

한 연구에 따르면 꾸물대는 리더보다 의사결정이 빠른 리더가 직원들에게 더 유능해 보인다고 한다. 디지털 기기나 웹을 통한 소통에

익숙한 밀레니얼세대에게는 더욱 그렇다. 그들은 항상 온라인에 접속해 있으면서 받은 메시지는 바로 밀어내듯 피드백한다. 밀레니얼세대는 한 번 클릭하면 다양한 사람으로부터 즉각적으로 피드백받는 환경에서 생활한다. 단지 빠르기만 한 것이 아니다. 자기 생각에 대해 구체적으로 피드백 받고 솔직하고 명확하게 커뮤니케이션한다.

아이비엠(IBM)은 이러한 밀레니얼세대의 특성을 간파하고 직원들에게 실제로 구체적인 피드백 지침을 제공하고 있다. 기성세대 직원이 밀레니얼세대 직원에게 피드백하는 방법을 다음과 같이 6가지로 제시하고 실천을 권장한다.

1 성과 리뷰 시간까지 기다리지 마라
2 새 업무에 대한 기대치를 구체화하라
3 열린 질문을 통해 대화를 연결하라
4 쪽지와 채팅을 활용하라
5 밀레니얼세대에게 배운 점을 말하라
6 건설적 피드백을 위해 꾸준히 메모하라

비유하자면 4세대 이동통신인 LTE급의 인터넷 속도에 익숙한 사람이 조금 느리거나 끊기는 인터넷 환경에서 금세 답답함을 느끼는 것과 같다. LTE급 속도에 익숙한 밀레니얼세대에게 2세대(2G)나 3세대(3G) 이동통신 수준의 스피드로 피드백한다면 얼마나 답답하겠는가? 기성세대는 밀레니얼세대와 커뮤니케이션할 때 되도록 빠르고 구체적으로 하려고 노력할 필요가 있다. 리더십 교육 전문기관인 '창의적 리더십 센터(CCL: Center for Creative Leadership)의 연구에 따르면 밀레니얼세대의 54%가 상사로부터 매달 성장을 위한 피드백을 받거나 더 자주(주 1회 또는 매일) 받기를 원한다고 한다.

내외부 연결로 안정과 성장을 도와라

"김 연구원, 잠깐 나와볼래? 사람 한 명 소개해줄게!"

후배 직원을 끔찍이 잘 챙기는 윤 팀장에게는 남다른 역량이 한 가지 있다. 바로 사람과 사람을 연결하는 것. 특히 새로 조직에 합류한 후배 직원이나 부서를 이동할 때 알아두면 좋을 사람을 직접 소개해준다. 티타임을 가지면서 서로 인사를 나누게 해서 언제라도 도움받을 수 있도록 배려하는 것이다. 선배 직원으로서 밀레니얼세대에게 줄 수 있는 좋은 선물 중 하나는 멘토로 삼을 만한 사람을 연결해주는 것이다. 이는 단지 명함을 주고받는 인맥을 의미하지 않는다.

밀레니얼세대는 온라인으로 느슨하게 연결되어 언제든지 기회가 되면 함께 일할 네트워크가 있다. 그들은 실제로 만난 적은 없어도 온라인으로 다양한 이슈를 공유한다. 또한, 글을 올리고 댓글을 달며 메시지를 주고받는다. 일면식이 없다가도 때로는 오프라인으로 관계가 발전해 강력한 네트워크의 일부가 되기도 한다. 이러한 '느슨한 연대'는 회사 내에서도 적용된다. 밀레니얼세대는 기성세대처럼 조직과 나를 동일시하지 않는다. 그들은 다양한 프로젝트로 새로운 경험을 한다. 의미 있는 학습과 활동을 하는 데 가치를 둔다. 과거 혈연,

지연, 학연으로 맺어진 '끈끈한 연대'보다는 삶의 가치를 높일 수 있는 '느슨한 연대'에서 보람과 의미를 찾는다.

밀레니얼세대는 얼굴 한번 본 적 없는 사람과 웹이나 SNS 환경에서 다양한 주제로 정보를 주고받으며 채팅하거나 메시지를 주고받는다. 기성세대보다 새로운 연결에 두려움이 덜하다. 세대 간 다른 소통과 연결의 방법을 서로 이해하고 수용하며, 배우고 가르칠 필요가 있다.

기성세대는 밀레니얼세대가 조직에서 고립되지 않도록 그들이 배울 온·오프라인 네트워크 채널을 제공해주어야 한다. 새로 입사한 밀레니얼세대 직원이 있다면 회사생활에 빨리 적응하고 업무를 익히도록, 좋은 멘토 역할을 할 선배나 그룹을 소개해줘야 한다. 밀레니얼세대 직원이 회사생활에 필요한 정보를 얻는 데 도움이 되는 네트워크를 쌓도록 지원해야 한다. 가벼운 티타임, 산책, 동아리 활동 등 다양한 방법으로 밀레니얼세대의 연결을 적극적으로 도와야 한다.

모바일 청첩장에 서운해하지 마라, 더 효율적이다

최근 필자도 영락없는 기성세대구나 싶었던 순간이 있다. 한 후배가 직접 청첩장을 전달하겠다며 필자의 회사 근처까지 찾아왔다. 청첩장을 건네받고 결혼에 골인하기까지의 스토리도 듣고 근황도 들을 수 있었다. 또 다른 후배는 SNS로 모바일 청첩장을 보내왔다. 물론 얼마 전에 통화는 했지만 막상 모바일 청첩장을 받으니 서운한 마음이 없지 않았다. 밀레니얼세대의 입장은 다르다. 최신 기술이 스마트폰에 집중된 지금, 모바일 청첩장은 바쁜 직장인에게 편리한 안성맞춤 도구다. 예전처럼 주소를 불러달라고 해서 청첩장을 보낼 때보다 모바일이 훨씬 빠르다. 사실 오프라인 청첩장은 받고 잘 보지도 않을 뿐더러 관리하기도 어렵다. 생각해보면 모바일 청첩장이라고 해서 예의 운운하며 서운해할 이유가 없다.

계명3 평가나 질책보다 코칭하고 대화하라

요즘 것들은 의외로 유리멘탈이다

요즘 것들은 생각 외로 '유리멘탈'이다. 특히 실패 경험에 약하다. 기성세대보다 참아내는 능력이 한참 부족하다. 기성세대는 유리멘탈인 밀레니얼세대를 이해하고 도와야 한다. 그렇다고 그들을 강철멘탈로 바꾸려고 노력하라는 얘기는 아니다. 그들을 긍정하고 인정하고 공감하자는 말이다. 밀레니얼세대에게는 기성세대의 배려, 관심, 여유가 필요하다. 필자가 실제로 실천하고 적용하고 있는 소통의 스킬이 있다. 바로 'YES' 커뮤니케이션이다. 거창하게 코칭할 필요 없이 매 순간 대화하면서 활용할 수 있는 간단한 방법이다. 후배 직원과 대화하는 매 순간 부정적 피드백을 하지 않고 경청하면서 웃는 것이다. 반드시 해결책을 제시하지 않아도 괜찮다.

YES로 소통하라

후배 직원들과 소통하는 상황에서 꼰대들은 자존심과 의욕을 꺾는 부정적 'NO'의 언어를 많이 사용한다. 반대로 존경받는 리더는 지지하고 자신감을 북돋우는 긍정적 'YES'의 언어를 많이 사용한다. 자존감 강한 밀레니얼세대는 특히 꼰대들이 사용하는 'NO'의 언어에 예민하게 반응하고, 반면 리더의 인정과 칭찬이 담긴 'YES'의 언어에 춤을 춘다. 'YES'의 언어로 후배 직원의 기를 살리는 'YES' 커뮤니케이션은 매우 효과적인 소통 방법이다. 필자는 요즘 밀레니얼세대와 소통하는 매 순간 'YES' 커뮤니케이션을 실천하려고 노력한다. 그 효과는 매우 크다.

YES 커뮤니케이션 방법

1단계 긍정하고 인정하라(Yes)

2단계 공감하라(Empathize)

3단계 웃으며 해결책을 제안하라(Smile & Suggest)

1단계, 긍정하고 인정하라(Yes). 소통은 일단 후배 직원의 얘기를 귀 기울여 듣는 것에서 출발한다. 지혜와 덕이 매우 뛰어나 본받을 만한 사람을 의미하는 성인(聖人)의 성(聖)은 '유달리 커다란 귀(耳)를 가진 사람이 입(口) 옆에 서있는 모습'을 형상화한 것이다. 성인은 말을 듣는 것에서 보통 사람과 차별적 능력을 지닌 존재다. 또한 귀가 밝고(聰) 눈이 밝은(明) 사람을 두고 총명(聰明)하다고 말한다. 모름지기 리더는 입보다는 귀와 눈이 발달한 사람이다. 선배 입장에서 하고 싶은 얘기가 얼마나 많겠는가? 그러나 참아야 한다. 딱, 단 5분만! 비록 후배 직원이 잘못했다거나 틀렸더라도 즉시 부정하거나 꾸짖어서는 안 된다. 후배 직원이 마음을 열고 같은 편이라고 느끼도록 긍정의 메시지를 전해야 한다.

2단계, 공감하라(Empathize). 공감은 역지사지에서 출발한다. 그 사람의 입장을 단지 이해하는 수준이 아니라 최대한 그 사람의 입장이 되려고 노력해야 한다. 공감의 언어와 함께 후배 직원의 마음을 다독여야 한다. 제발 장황하게 자기 얘기를 늘어놓지는 말자. 젊은 세대의 언어 중 '세 줄 요약 좀'이라는 말이 있다. 이는 "정중하게 세 줄 요약을 부탁한다"라는 의미가 아니다. "별 도움도 안 되고 내용도 없는데 무슨 얘기를 이렇게 길게 해"라는 의미다. 기성세대는 핵심만 간단하게 얘기하려고 노력해야 한다.

3단계, 웃으며 해결책을 제안하라(Smile & Suggest). 웃는 표정은 마음을 열게 한다. 되도록 표정을 밝게 해야 한다. 그리고 가르치는 말투가 아니라 진중하게 의견을 제시해야 한다. 꼭 답을 제시할 필요는 없다. 밀레니얼세대는 답을 제시하기보다는 그들의 말을 진심으로 들어주기를 바란다. 받아들이고 말고는 후배 직원의 몫이다.

솔직한 피드백이 최고다, 때로는 쓴소리도 하라

사람 좋기로 둘째가라면 서러워할 김 팀장은 올해도 힘겨운 매출목표를 받아 부담이 이만저만이 아니다. 그래도 고객을 만나서 일하는

구분	예시 (고객에게 메일을 잘못 보냈을 때)	적용하기
1단계 긍정하고 인정하라 (Yes)	"빨리 답장 보내려고 하다가 실수한 거잖아. 그럴 수 있어. 앞으로 그렇게 안 하면 되지 뭐."	
2단계 공감하라 (Empathize)	"예전에 나도 중요한 내용을 빠뜨리고 고객에게 메일을 보냈다가 된통 욕을 먹은 적이 있었어."	
3단계 웃으며 해결책을 제안하라 (Smile&Suggest)	"(웃으며) 전화해서 고객에게 빨리 답장하려다가 실수했다고 정중히 사과해. 다시 보낼 테니 이전 메일은 지워달라고 하면서…."	

편이 차라리 낫다. 밀레니얼세대 팀원인 최 사원 때문에 고민이 많아서다. 최 사원은 걸핏하면 지각하는 것은 기본이고 지시한 업무를 맘에 들게 처리한 적이 별로 없다.

김 팀장은 약이 되는 쓴소리를 못 한다. 얼핏 팀 분위기는 좋아 보이지만 늘 매출압박에 쫓기는 그의 속마음은 타들어간다. 리더로서 팀원들 앞에 권위가 서지 않는다고 푸념하는 그, 무엇이 문제일까? 김 팀장은 전형적인 착한 리더다. 팀원의 잘못에 따끔하게 질책하거나 쓴소리를 하는 게 불편하다. 괜스레 팀원의 부족한 점을 지적하다가 혹시나 서로 마음 상하느니 수고스럽더라도 본인이 더 일하고 말겠다고 생각한다.

착한 사람이 갑자기 악역을 맡기가 어디 쉽겠는가? 그러면 어떻게 해야 할까? 잭 웰치는 부하직원과의 관계에서 가장 중요한 덕목을 하나 꼽으라면 '절대적인 솔직함(Candor)'이라고 했다. 회사 구성원의 입장에서 진정성을 가지고 리더로서 객관적으로 솔직하게 피드백해야 한다는 것이다. 때로는 잔인하게 느껴지더라도 객관적 사실을 근거로 부하직원이 잘한 점과 잘못한 점을 정확하게 전달할 필요가 있다. 불편한 진실을 피하고자 에둘러 표현하며 기대감을 심어주는 것이 오히려 더 잔인한 일이다. 사실 후배 직원 입장에서도 찜찜하기는 마찬가지다.

앞의 사례에서처럼 지각이 잦은 팀원에게는 지각하면 당하게 될 불이익을 정확하게 일러줘야 한다. 부하직원과의 관계는 사적인 친분이 아니라 업무적인 관계라는 사실을 간과해서는 안 된다. 미국의 종합식품 제조업체 크래프트 푸즈 그룹의 전 CEO인 마이클 마일스는 "기량을 끌어낼 수 있는 만큼 가까이 일하되, 기량을 제한할 만큼 지나치게 가까워도 안 된다"라고 조언한다.

하버드 경영대 리더십 전략을 담은 《보스의 탄생》에서 린다 힐 교수는 부하직원을 인간적으로 대하되, 적당한 거리를 두고 공동의 목표와 업무에 초점을 둬야 한다고 강조한다. 아울러 많은 리더가 부하직원에게 호감을 사면 신뢰를 얻거나 존경받는 줄로 착각하는 함정에 빠진다고 조언한다. 부하직원들과 지나치게 사적인 관계를 맺으면 결국 실망감을 안겨주고, 조직을 효과적으로 관리하기 어려울 수도 있으니 경계하라고 한다.

리더의 자리에 올랐다는 것은 때론 까칠하게 굴 필요도 있고 미움받을 용기도 필요한 직급이 되었다는 의미다.

계명4 자유로운 소통을 위해 동등하게 대우하라

요즘 것들과 대화하며 당황스러운 순간을 경험하는 기성세대가 많다. "걸핏하면 반말에 말대꾸까지…. 도대체 어떻게 해야 하지?" 대화 중 말꼬리를 잘라먹고 반말 비슷하게 친구에게 얘기하듯 하는 말투는 기본이다. 어디 그뿐인가? 어찌나 자기 의사 표현을 똑 부러지게 잘하는지 얄밉기까지 하다. 잘난 척하는 것이 재수 없어 보인다며 불만스러워하는 이들도 있다.

밀레니얼세대는 자유롭게 의견을 제시하는 수평적이고 투명한 소통을 원한다. 기성세대보다 권위나 권위의식에 대한 거부반응이 크다. 자신들도 똑같은 한 사람으로서 동등한 입장에서 대화하기를 원한다. 기성세대는 그들이 자유롭게 의견을 제시하도록 분위기를 조성해야 한다. 반말이 거슬린다면 기분 나쁘지 않게 잘 타이르면 된다. 그것 때문에 기분 상할 필요는 없다. 밀레니얼세대의 당돌하고 도전적인 의견에 때로는 당황스러울 수도 있지만 그들이 거절하는 제스처에도 익숙해져야 한다. '멘탈갑'인 척이라도 해야 한다는 얘기다.

현실에서는 아쉽게도 자유로운 소통은커녕 권위의식에 사로잡혀 불통으로 똘똘 뭉친 꼰대들이 조직 각처에 넘쳐난다. 교차로를 막고 선 자동차처럼 소통의 흐름을 방해하는 이들이 허다하다. 필자 눈에도 밀레니얼세대가 보기에는 꼴불견이겠구나 싶은 유형의 기성세대가 보인다. 밀레니얼세대가 생각하는 불통 기성세대가 정말 못하는 것 세 가지가 있다. 이 세 가지가 교집합을 이루면 불통의 아이콘인

'꼰대'라는 수식어가 제격인 기성세대로 등극한다.

최악의 꼰대, 그들이 정말 못하는 3가지

사실 꼰대는 '아버지' '선생'을 일컫는 말이었다. 1980년대 이후 의미가 확장되면서 기성세대를 부정적으로 부르는 은어가 되었다. 요즘 젊은 세대는 기성세대의 가치관을 강요하거나 건설적인 비판을 용납하지 않고 배우거나 사과하지 않을 때 '꼰대질한다'는 표현을 자주 쓴다. 도무지 소통이 안 되는 최악의 기성세대 '꼰대'를 살펴보면 다음과 같은 공통점이 있다.

첫째, 꼰대는 듣지(Listen) 않는다.

꼰대들은 듣기보다 말하기를 좋아한다. 무슨 법칙이나 되는 듯 나이에 정비례해 말이 늘어난다. 재미있는 것은 말이 많은 꼰대는 정작 본인이 말이 많다는 사실을 모르거나 인정하지 않는다. 젊은 세대와 온전히 소통하려면 그들의 목소리에 귀를 기울이는 노력이 필수적이다. 나이에 비례해 듣는 시간이 늘어난다면 그만큼 얻는 것이 많아질 것이다. 그게 어디 쉬운가? 하고 싶은 얘기가 얼마나 많은데.

둘째, 꼰대는 배우지(Learn) 않는다.

꼰대들은 배우기보다는 가르치려고 한다. 한 달에 책 한 권 읽지 않으면서 술자리는 일주일에 한 번이 멀다 하고 자주 가진다. 그러고는 후배 직원들에게 진심 어린 조언이라며 이미 말라버린 과거의 성공담을 마른 수건 짜내듯 늘어놓는다. 이제 자기개발에 소홀한 리더는 요즘 것들에게 인정받을 수 없다. 제대로 된 리더십도 발휘할 수 없다. 요즘 것들은 배우지 않는 리더를 귀신같이 알아본다.

셋째, 꼰대는 버리지(Leave) 않는다.

꼰대는 현재 누리고 있는 기득권과 지위에 의존한다. 누군가 끌어내릴 때까지 버티려고만 한다. 버리고 떠나려고 하지 않는다. 리처드 바크의 《갈매기의 꿈》에 등장하는 조너선처럼 리더가 되기 위해서는 자꾸만 안주하게 하고 매너리즘에 빠지게 하는 현실에서 과감히 벗어나야 한다. 스스로 더 높은 성찰의 비행을 하며 새로운 깨우침의 과정을 겪어야 한다. 그러고 나서 다시 현실로 돌아오는 것이 리더의 길이다.

후배 직원의 목소리를 듣고(聽, 들을 청), 지식을 생산(産, 낳을 산)하기 위해 애쓰며, 기득권과 지위를 버려 권위와 이별(離, 떠날 리)하려고 노력해야 한다. 멀리 타향에서 나라를 위해 몸 바쳐 일본군과 싸웠던 독립투사처럼, 꼰대에서 진정한 리더로 거듭나기 위해 치열한 청산리(聽産離) 전투를 치러야 한다.

표정도 함부로 짓지 마라

필자가 좋아하는 성경 구절이 있다. "물에 비치면 얼굴이 서로 같은 것같이 사람의 마음도 서로 비치느니라." 잠언 27장 19절 말씀이다.

조직의 분위기를 보려면 리더를 보면 되고 그중에서도 얼굴 표정을 보면 된다. 물에 비추면 비치듯이 리더의 마음이 표정에 그대로 비치기 때문이다. 리더의 표정이 고스란히 조직의 분위기가 되므로 리더는 표정 관리를 잘해야 한다.

수평적이고 투명한 소통을 원하는 밀레니얼세대가 자유롭게 의견을 제시하도록 분위기를 조성하는 것은 전적으로 관리자의 책임이다. 회의 때 후배 직원들이 쭈뼛쭈뼛 의견 말하기를 망설이거나 일부 직원만 의견을 낸다면, 전적으로 관리자가 제 역할을 못 하고 있기 때문이다. 혹시 당신은 결론을 이미 상정해놓고 회의를 주도하거나 창의적인 아이디어를 현실성 없다고 무시하지는 않는가?

회의 중일 때 구성원들의 표정을 가만히 주의 깊게 살펴보라. 그들이 어떤 표정을 짓고 있는지…. 그들의 표정이 바로 당신의 표정이다. 당신이 만든 조직의 분위기다. 리더는 표정조차 함부로 지으면 안 된다. 쉽게 화내거나 생각 없이 말을 내뱉어서도 안 된다. 그것이 그대로 조직의 문화가 되기 때문이다.

"군주는 자신이 바라는 것을 밖으로 드러내지 말아야 한다. 군주가 바라는 것을 밖으로 드러내면 신하는 군주에게 잘 보이려고 꾸밀 것이다. 또한, 군주는 자기 의사를 표현하지 말아야 한다. 군주가 자기 의사를 표현하면 신하는 자신이 남과 다르다는 것을 표현하려고 할 것이다"라고 한다. 또 말하기를 "좋아하고 싫어하는 표정을 내비치지 않으면 신하는 바로 본심을 그대로 드러낼 것이다. 지혜를 버리고 재주를 부리지 않으면 신하는 바로 신중하게 처신을 잘할 것이다"라고도 한다." - 《한비자》, 〈주도〉 편 중에서

"군주가 싫어하는 것을 겉으로 내비치면 신하는 싫어할 만한 단서를 숨긴다. 군주가 좋아하는 것을 겉으로 내비치면 신하들은 능력이 없어도 있

는 척한다. 군주가 자기 의욕을 겉으로 드러내면 신하는 자신을 꾸밀 기회를 얻게 되는 것이다." - 《한비자》,〈이병〉편 중에서

계명5 명분과 함께 구체적으로 설득하고 칭찬하라

"야, 제안서 정말 끝내주는데!" 제안서 내용에 대한 피드백을 재촉하는 염 선임에게 김 본부장이 엄지손가락을 추켜세우며 칭찬한다. 사실 그는 바쁜 업무로 제대로 제안서를 살필 겨를이 없었다. 임기응변으로 대답한 것이다. 밀레니얼세대인 염 선임이 이를 모를 리 없다. X세대인 김 본부장의 칭찬에 영혼이 담겨 있지 않다는 것을 안다. 그의 칭찬을 진심으로 받아들이는 직원은 거의 없다.

밀레니얼세대는 명확한 목적과 이유를 설명해주길 원한다. 그들은 그렇게 교육받아왔고 그렇게 성장해왔다. 부모와 교사가 그 역할을 충실히 해줬다. 하지만 직장에서는 그렇지 못하다. 직장에는 관료적인 상명하복의 질서가 여전히 칼처럼 서있기 때문에 자유로운 의사소통이 쉽지 않다. 요즘 젊은 세대, 특히 밀레니얼세대를 잘 이해하고 또 잘 설득하는 것은 기성세대에게 필수 역량이 되었다. 과거 기성세대가 썼던 설득 방법은 요즘 것들에게 잘 안 통한다.

의미를 중시하는 밀레니얼세대에게 이유 있는 칭찬은 좋은 동기부여 도구다. 하지만 더 좋은 방법은 자율적으로 일하고 스스로 성장하고 있다고 느끼도록 내적 동기를 충족시키는 것이다. 칭찬할 일이

있다면 영혼 없이 해서는 안 된다. 그들은 금방 알아챈다. 구체적으로 그럴 만한, 충분한 명분을 내세워 진심을 담아 칭찬하라.

잘 기획한 혁신활동, 왜 직원들은 시큰둥할까

밀레니얼세대와의 소통에 어려움을 호소하는 기성세대가 참 많다. 대부분 이유와 명분을 중요시하는 밀레니얼세대의 특징을 간과했기 때문이다. 비교적 젊은 직원이 많은 L사의 사례를 살펴보자. 이 회사는 조직문화 개선활동의 일환으로 회의문화 혁신을 기치로 내걸고 전사적 차원에서 혁신활동을 전개하고 있다. 화장실, 회의실, 컴퓨터 모니터, 홈페이지, 각종 영상 등 눈길이 닿는 곳이면 어디나 다양한 이벤트의 흔적이 넘쳐난다. 하지만 직원들의 회의문화가 실제로 바뀌었을까? 담당자가 조심스럽게 귀띔하기로는 구성원들이 시늉만 할 뿐 속으로는 식상해한다는 것이다. 이미 여러 목적으로 유사한 활동이 지금도 진행 중이고 그동안에도 계속 있었기 때문이다.

한번은 담당자와 대화를 나누다 정말 황당한 이야기를 들었다. 그 혁신활동을 추진한 팀에서 실제로 아이디어를 내고 기획할 때 참여한 멤버 중 밀레니얼세대는 단 1명이었다. 필자는 혁신활동이 성공적으로 진행되기는 힘들겠다고 직감했다. 회의문화를 본질적으로 개선하기 위해서는 밀레니얼세대 직원들의 참여가 필수적이다. 이들의 의견을 제대로 수렴하지 않으면서 어떻게 수평적 조직문화를 만들자는 활동이 제대로 기획되고 실행되길 바라는가? 잘되는 것이 오히려 이상하다.

그런데도 많은 조직에서 정상적으로 작동하지 않는 프로젝트를 계속한다. 그 프로젝트에 투자한 시간, 비용, 노력이 아까워서 계속하려는 소위 '매몰비용 편향' 때문이다. 젊은 글로벌 리더로 꼽히는 그렉 맥커운은 《에센셜리즘》에서 이러한 매몰비용 편향을 줄이는 방법으로 몇 가지를 제시한다. 버리는 것에 대한 두려움을 이겨내고, 실패를 인정하며, 억지로 맞추는 것을 그만두고, 하지 않는 것을 두려워하지 말며, 타인에게 객관적인 의견을 구하라는 것이다.

구체적인 방법의 하나로 링크드인(LinkedIn)의 다니엘 샤퍼로가 적용한 '리버스 파일럿(Reverse Pilot)'을 제시한다. 리버스 파일럿은 무언가를 시험 삼아 없애보는 방법이다. 일단 하던 일을 중단하고 주변 사람들로부터 어떤 반응이 나오는지 살펴보는 것이다. 그러면 그 일이 주변 사람들에게 정말 의미 있는 일인지 아닌지 알 수 있다.

요즘 것들의 직원 교육은 목적(Why)에 승부를 걸어라

필자가 다니던 회사에서는 주니어를 대상으로 하는 교육이 많았다. 다수가 회사 차원에서 실시하는 교육이었는데, 워낙 많다 보니 주니어들의 참여와 몰입도가 떨어지는 경우가 상당했다. 좀 더 본질적으로 보면 왜 그 교육을 받아야 하는지 그 이유와 필요성이 주니어들에게 충분히 전달되지 않은 것이 문제였다. 실무자인 주니어들이 필요로 하는 것은 따로 있는데 관리자 레벨에서 즉흥적으로 필요하겠다 싶은 교육을 할 때면 반응이 싸늘했다. 그들은 도살장에라도 끌려온 표정으로 메모는커녕 스마트폰만 만지작거리며 마음은 저 멀리 안드

로메다를 헤맸다.

교육프로그램을 만들더라도 사원, 대리급 과정에서는 프로그램의 목적 즉, 왜(why)에 해당하는 부분을 초반에 힘을 실어 다뤄야 한다. 밀레니얼세대인 주니어 직원들에게는 그 교육이 왜 필요한지 명분이 구체적으로 주어져야 하기 때문이다. 현실은 이와 거리가 멀다. 교육뿐 아니라 회사에서 진행하는 모든 활동이 그렇다. 이제 공급자 중심의 일방적인 홍보와 실행으로는 밀레니얼세대의 참여와 변화를 결코 이끌어낼 수 없다는 사실을 알았는가? 타성을 버리고 과감하게 새로운 수요자인 밀레니얼세대의 니즈에 철저히 맞춰라.

요즘 것들이 가장 듣고 싶어 하는 말

오랜만에 일찍 퇴근하려는 직원에게 관리자가 나름 챙긴다고 한마디 한다. "무슨 일 있어?"

아뿔싸, 어쩌면 이렇게 센스가 없을까? 이뿐이 아니다. 금요일에 일을 잔뜩 맡겨 놓고 월요일에 출근해서 고생한 직원에게 고작 한다는 소리가 "주말에 잘 쉬었지?"다. 그야말로 헐, 대박이다. 업무지시도 명확하지 않게 대충 해놓고 "일일이 지시를 해야 하나?" "이걸 내가 해야 하나?"라고 한다. 사실 애매한 업무지시는 밀레니얼세대에게는 독이다. 딱 지시한 만큼만 해온다고 생각하면 된다. 머릿속으로 생각하는 것보다 훨씬 구체적으로 지시해야 한다.

밀레니얼세대 직장인이 가장 듣기 싫어하는 말 중 하나가 바로 "바쁜 일 없지?"라고 한다. 반면 가장 듣고 싶어 하는 말 중 하나가 "어서

직급	듣고 싶어 하는 말	듣기 싫어하는 말
사원급	1위. 이번 달 보너스 지급됩니다 (25.9%) 2위. 어서 퇴근해(18.2%) 3위. 괜찮아, 실수할 수도 있지(14.6%) 4위. 실력 많이 늘었네(9.8%) 5위. 수고했어(9.0%)	1위. 할 줄 알지?(30.6%) 2위. 알아서 해봐(14.8%) 3위. 바쁜 일 없지?(11.3%) 4위. 내가 사원일 때는 말이야(8.3%) 5위. 학교에서 뭘 배운 거야?(7.3%) 6위. 할 수 있겠어?(6.9%) 7위. 노력을 해야지, 노오력을!(6.4%) 8위. 오늘 회식할까?(4.9%)
대리급	1위. 강 대리라면 믿고 맡길 수 있지 (27.8%) 2위. 눈치 보지 말고 어서 퇴근해 (16.3%) 3위. 수고했어(14.5%) 4위. 고마워. 다 자네 덕이야(12.8%) 5위. 부장님, 이게 다 이 대리가 담당한 건데요(10.1%)	1위. 바쁜 일 없지? 나 좀 도와줘(18.5%) 2위. 그냥 내가 하라는 대로 해(17.2%) 3위. 아직도 그걸 모르면 어쩌나(15.9%) 4위. 벌써 가게? 일이 없나 봐?(13.7%) 5위. 이것밖에 못하나?(9.3%)
과장 이상 관리자급	1위. 과장님이 있어서 든든해요 (27.9%) 2위. 제가 해보겠습니다(21.6%) 3위. 이렇게 하는 것에 대해 어떻게 생각하세요?(8.9%) 4위. 지시하신 일 완료했습니다(7.9%) 5위. 도와주셔서 감사합니다(7.9%)	1위. 밑에 직원들 관리 좀 하지(14.7%) 2위. 그게 아니고요(13.2%) 3위. 이러다 이 대리한테 밀리겠는데?(11.1%) 4위. 아, 맞다!(10.5%) 5위. 이거 급하신 거예요? 저 지금 좀 바쁜데(10.0%) 6위. (아무런 의견 없이 그저)네(10.0%)

퇴근해"라고 한다. 사실 많은 기성세대가 몰라서, 아니 알면서도 잘못하는 것이 칭찬이다. 하지만 요즘 것들은 칭찬과 인정의 말을 더욱 갈구한다. 2016년 3월 잡코리아가 총 950명을 대상으로 사원부터 과장까지 직급별로 회사에서 가장 듣기 싫은 말과 듣고 싶은 말을 조사

했다.[16] 주로 사원에서 대리급에 해당하는 밀레니얼세대 후배 직원과 같이 일하는 기성세대 선배 직원이라면 꼭 참고해서 활용해보기 바란다. 힘들면 외우자. "어서 퇴근해." "괜찮아." "많이 늘었네."

계명6 수시로 대화하며 삶을 경청하라

"갑자기 당일치기로 회식 약속을 잡는다. 정말 당혹스럽다. 예외 없이 모든 부서원은 회식자리를 지켜야 한다. 그야말로 상사 비위 맞추는 시간이다. 이런저런 핑계를 대고 용기 있게 빠지는 직원이 부럽다." 밀레니얼세대 직장인의 목소리다. 상사 마음대로 예고 없이 회식 약속을 잡아서는 안 된다. 술 마시기 싫어하는 직원을 압박해서도 안 된다. 회식이나 야유회 같은 모임은 업무의 일부이므로 주말에 이런 모임을 잡는 것은 폭행이나 마찬가지다. 밀레니얼세대가 원하는 바는 기성세대와 다르다. 일보다는 삶에 무게 중심을 둔다. 과거처럼 형식적인 멘토링은 그들에게 더 이상 통하지 않는다. 그들은 단순한 멘토가 아니라 삶을 경청해주는 쉼터와 피난처 같은 리더를 원한다.

사악한 테러리스트가 되지 마라

"메일 답장 보냈어. 확인 요망! 많이 수정해야 할 듯~"

밀레니얼세대 김 연구원이 어제 보낸 문서를 새벽에 확인하고, 베이비붐세대 윤 본부장이 아침 일찍 7시가 되기도 전에 보낸 문자 메시지다. 새벽같이 일어나 메일을 확인하는 부지런함은 인정한다. 그러나 이는 꼭두새벽부터 후배 직원에게 저지른 테러다. 이 메시지를 본 김 연구원은 아침부터 기분이 좋지 않다. 아직 회사에 출근하지도 않았는데 벌써 업무가 시작된 기분이 들어서다. 굳이 문자 메시지를 보내지 않더라도 출근하자마자 알아서 챙기려던 참이었다.

밀레니얼세대는 업무 외 시간에 받는 전화나 문자는 도를 넘은 간섭이라고 생각한다. 밀레니얼세대에게 일과시간 외에 하는 전화나 메시지는 삶에 대한 심각한 테러다. 기성세대는 이 사실을 너무 모른다. 이는 대한민국 직장인의 삶의 질을 떨어뜨리는 주범이기도 하다. 열심히 일하는 것은 기성세대로 끝내자. 이제 스마트하게 일하는 문화를 만들어가야 한다.

차라리 일찍 퇴근하게 하라

"(매일 야근하다 오랜만에 일찍 끝나는 날인데) 수고했으니 오늘 부서 전체 회식하지."

회식만큼 기성세대와 밀레니얼세대의 생각 차이를 극명하게 보여주는 게 또 있을까 싶다. 회식의 목적은 팀워크지만 이를 관철했다고 생각하는 사람은 얼마나 될까? 보통 회식은 술집에서 1차로 시작한다. 노래방, 호프집 더러는 찻집까지 2차, 3차로 이어진다. 기성세대에게 회식은 직장에서 받은 스트레스를 풀기에 제격일지도 모른다. 나아가 각박한 회사생활에 활력소가 되기도 한다. 그들은 회식자리에서 진정한 소통이 이뤄진다고 생각한다. 밀레니얼세대에게 회식은 허심탄회하게 소통하는 자리가 결코 아니다. 단지 술을 마시기 위한 자리일 뿐이다. 그들에게 회식은 달갑지 않은 업무의 연장이며 소통이 아니라 불통의 자리가 되기 일쑤다. 최근에는 줄었지만 원샷, 파도타기 등 술을 강요하는 회식문화는 지금도 여전하다. 주량이 얼마 되지 않고 술을 마시지 않는 후배 직원으로서는 여간 난처한 게 아니다. 오죽하면 회식자리를 불편한 술 버티기 경연대회라고 하겠는가?

회식하지 말고 맛집 투어하라

떡실신한 최 본부장, 언제인지 모르게 사라져버린 김 과장, 잔뜩 취해 한 얘기를 벌써 수차례 반복하는 곽 대리, 그 옆에는 휴대폰, 지갑, 가방이 널브러져 있다. 막 입사한 밀레니얼세대 이 사원에게 회식 후 이러한 풍경은 난감하기 그지없다. 뒤처리는 다 그의 몫이다. 다음 날, 난생처음 '파도타기'라는 것을 하며 마신 술 때문에 지각한 이 사원은 깜짝 놀란다. 술 냄새가 좀 나는 것 빼고는 어제 아침 사무실 모습과 다를 게 없기 때문이다. 그를 바라보는 시선이 곱지 않다. 그도 그럴 것이 회식한 다음 날 정상 출근은 기본 중의 기본인데 이를 어겼기 때문이다.

회식문화는 정말 요즘 것들이 이해하기 어려운 것 중 하나다. 그들은 도무지 이해가 안 된다. 이제 서로 내키지 않는 뻔한 회식 대신 팀워크도 살리면서 즐길 방법을 고민해야 한다. 2013년 워크넷에서 실시한 조사[17]에 따르면, 직장인 10명 중 4명은 회식문화에 대해 만족스럽지 못하다고 느꼈다.

불만족스러운 이유로는 27.4%의 응답자가 술을 강요하는 분위기를 들었다. 예고 없이 갑자기 진행될 때가 많고(21.6%), 회식시간이 너무 긴 것도(11.7%) 불만이었다. 직장인이 선호하는 회식은 맛있는 음식 위주의 맛집 투어 회식(45.8%)이었다. 이밖에 연극·영화 관람 등 문화생활 회식(24.2%), 볼링·스크린 골프 등 레포츠 회식(11.3%), 교외로 나들이 및 야유회 회식(9.6%) 등을 선호했다. 그동안 회식문화를 바꿔보자는 움직임이 없진 않았다. 중요한 것은 기성세대 관리자의 역할이다. 권위와 고정관념에서 벗어나 회식문화를 혁신해야 한다. 만약 어렵다면 통통 튀는 젊은 세대에게 회식을 대체할 아이디어를 내도록 맡기자.

밀레니얼세대는 회식자리가 아니라 면대 면의 진솔한 소통을 원한다. 설령 회식을 하더라도 밀레니얼세대는 그들끼리만 편하게 하고 싶어 한다. 그들은 자신의 삶에 관심을 가지고 진심으로 공감해주기를 원한다. 계획 없이 수시로 미팅하는 것도 나쁘지는 않지만 이왕이면 정기적인 미팅으로 그들이 하고 싶어 하는 얘기를 준비해서 말할 기회를 줘야 한다. 이때 기성세대는 밀레니얼세대 내면의 소리를 유도하는 질문 외에는 되도록 경청해야 한다.

밀레니얼세대는 조언과 충고보다는 격려와 지원을 더욱 간절히 원한다. 조언과 충고도 마음이 열려야 들리는 법이다.

너를 알고 싶어

요즘 것들의 속마음

상사와의 불화 "저희 팀장하고 말다툼하고 나서 지난주부터 얘기도 안 해요. 저도 잘못이 있기는 하지만 팀장님은 자신의 잘못이 뭔지도 잘 모르는 것 같아요. 다른 팀으로 보내주셨으면 좋겠어요. 저랑 너무 안 맞는 것 같아요." - 20대 후반 직장인

자기 의사표현 "처음에는 안 그랬어요. 그런데 아무리 아이디어를 고민해서 얘기해도 결국엔 부장님이 생각하시는 대로 하시더라고요. 이제는 얘기를 잘 안 해요. 당신 생각이랑 다르면 불편해하시는 티가 나요." - 20대 후반 직장인

빠른 피드백 "저희 상무님은 피드백이 빨라요. 미리 고민하시는 것 같아요. 뭉개면서 정확한 피드백을 주지 못하는 리더들을 보면 정말 답답하죠." - 30대 초반 직장인

배움 "저희 팀장님은 자신이 경험한 것을 친절하게 잘 가르쳐주세요. 전문성도 전문성이지만 후배들 육성에 욕심이 있으시거든요. 다른 팀의 주니어 중에 저희 팀에 오고 싶어 하는 사람이 꽤 있어요." - 30대 초반 직장인

얼리어답터 상사 "전무님께서는 연세가 많으시지만 얼리어답터세요. 최신 기술을 저희보다 더 잘 아시거든요. 멋져 보여요." - 30대 후반 직장인

신입사원 교육 "얼마 전에 신입사원 교육을 받았거든요. 정~말 지루했어요. 대부분 교육자료와 방법이 선배들 교육하던 자료 같았어요. 그 교육 받고 나니 이전보다 회사 이미지가 오히려 안 좋아진 것 같아요." - 20대 중반 직장인

멘토링 "저희 차장님은 저희 또래 직원들에게 인기가 많아요. 고민이 생기면 차장님하고 상담하는 직원들이 많아요. 그분은 진심이 느껴져요. 철없는 직원하고 상담해도 진지하게 들어주세요. 퇴사할까 고민하다가도 그분 때문에 마음을 접은 직원도 몇 있어요." - 30대 초반 직장인

인사평가 "저희 회사는 40년이 넘었는데도 평가 제도가 공정하지 않아요. 분명히 옆 팀에서 근무하는 동기보다 제가 더 일을 잘하는데도 그 친구가 저보다 좋은 평가를 받는 게 저는 이해가 안 돼요. 그걸 생각하면 회사 다니기 싫어요." - 20대 중반 직장인

요즘 것들의 언어 "저희 팀장님은 젊은 사람들이 쓰는 신조어를 저보다 더 잘 아세요. 젊은 직원들하고 관계도 좋아요. 저처럼 젊은 직원을 더 이해하려고 노력하시는 거잖아요." - 20대 후반 직장인

직장 내 멘토를 구합니다 "고민은 많은데 회사에서는 마땅히 상담할 사람이 없어요." - 20대 후반 직장인

리더의 쓴소리 "당시에는 불편했지만 지나고 보니까 그렇게 솔직하게 쓴소리해주신 게 고마워요. 다 저 잘되라고 하신 얘기 아닐까요? 야단을 맞아야 하는 상황에서 별 얘기 안 할 때가 더 불편했던 것 같아요." - 30대 중반 직장인

소통능력 "제발 저희 얘기를 주의 깊게 들어줬으면 좋겠어요. 저희 세대는 업무 전문성이 높은 선배보다는 관계 능력이 좋은 소통형 선배를 더 좋아하는 것 같아요." - 30대 초반 직장인

칭찬 "소장님은 저희 또래 젊은 직원들이 많이 따르는 분이에요. 제가 칭찬받을 만큼 잘하지 않았는데도 수고했다며 늘 칭찬해주세요. 무엇보다 힘들 때 먼저 다가오셔서 말을 걸고 위로해주시는데 눈물이 날 때도 있었어요." - 30대 초반 직장인

메신저 감옥 "퇴근 후에 부장님으로부터 업무적인 이유로 가끔 메시지나 전화를 받아요. 사실 다음 날 전달해도 되는 일이 대부분이에요. 업무 시간 이후에는 정말 급한 상황이 아니면 제발 참아주셨으면 좋겠어요." - 30대 초반 직장인

가장 많이 듣는 질문

Q1   친해지려고 어제 일부러 시간을 내서 함께 식사도 하고 차 한잔하면서 충분히 서로 알 수 있는 시간도 가졌다고 생각했거든요. 오늘 다시 만났는데 전혀 가까워진 것 같지 않아요. 그 전처럼 그냥 쌩하니 목례만 하고 지나가는 거예요. 요즘 애들 마음을 잘 모르겠어요.

A   의외로 적지 않은 기성세대가 호소하는 문제입니다. 이것이 요즘 것들을 알아야 하는 이유입니다. '요즘 것들의 소통 특징'을 참고하세요. 기성세대와 소통의 DNA에서 어떤 점이 다른지 학습할 필요가 있습니다.

Q2   요즘 애들하고 업무 외적인 얘기를 하면 나름 신경 써서 조언을 해줘도 잘 듣는 것 같지 않아요. 요즘 애들하고는 깊이 있는 얘기를 나누기가 참 힘들어요. 예전에 후배들은 내 마음을 잘 헤아려줬던 것 같은데….

A   요즘 것들에게서 인정받는 선배가 되기란 예전처럼 그리 쉽지 않습니다. 신뢰를 쌓는 데 더 많은 공을 들여야 합니다. 서로 신뢰가 쌓인 후에야 진솔한 대화가 가능하고, 그래야만 충고를 의미 있게 받아들입니다. 충분한 신뢰관계가 쌓이지 않은 상황에서 하는 충고가 요즘 것들에게는 상처가 될 수 있습니다.

Q3   요즘 것들은 우리 세대보다 눈물도 많고 여린 것 같아요. 잘못해도 피드백을 세게 할 수 없어서 그냥 참고 지나가는 경우가 많아요.

A   요즘 것들은 기성세대에 비하면 비교적 상처도 잘 받고 감동도 잘 받습니다. 요즘 것들을 대할 때는 과거처럼 카리스마형 리더십보다는 소통하고 공감하는 감성 리더십이 더 효과적으로 보입니다.

4

요즘 것들과

함께 일하기

요즘 것들이
일하는 방법

요즘 것들은 왜 일하는가[18]

'왜 일하는가'를 주제로 하는 책 중에 눈에 띄는 책이 있다. 이나모리 가즈오의 《왜 일하는가》와 사이먼 사이넥의 《나는 왜 이 일을 하는가》이다. 이나모리 가즈오는 우리가 일하는 이유가 훌륭한 인격을 가지기 위해서라고 일관되게 주장한다. 이는 개념적인 이해에 도움이 된다. 이와 비교해 사이먼 사이넥은 골든 서클(Golden Circle)로 일하는 이유와 방법을 설명하는데, 꽤 본질적이고 설득력이 있다.

밀레니얼세대는 어떤 행동과 일을 하더라도 매사 명분이나 이유를 찾는다. 이는 사이먼 사이넥의 골든 서클 한가운데 해당하는 왜(Why)와 일맥상통하는 부분이다. 왜(Why)는 그 일을 하는 목적, 동기, 신념에 해당한다. 대부분의 조직과 사람은 골든 서클의 바깥에서 안으로 즉, 무엇을(What) → 어떻게(How) → 왜(Why)의 순서로 생각한다. 또 그렇게 행동하고 커뮤니케이션한다. 하지만 산업, 규모와 무관하게 영감을 주는 리더나 조직은 그 반대로 한다. 애플이 다른 회사와 구별되는 것은 그들의 핵심가치인 '다르게 생각하기(Think Different)'처럼 다르게 생각하기 때문이다. 바로 왜(Why)부터 챙긴다는 것이다. 그들이 하는 모든 일은 현실에 도전하기 위함이다. 실제 애플은 '다르게 생각하기'라는 가치를 믿고 그렇게 현실에 도전한다. 그런 방식이 모든 애플 제품을 훌륭한 디자인, 편리한 사용법, 사용자 친화적으로 만든다.

사이먼 사이넥은 "일을 하는 진짜 목적은 우리가 만든 '무엇을'이 필요한 이들이 아니라 우리의 '왜'를 함께하는 이들과 거래하는 것이다"라고 얘기하며, 이에 대해 생물학적 근거를 제시한다. 바로 인간의 뇌다. 뇌가 골든 서클을 단면으로 자른 상태와 비슷하다는 것이다. 무엇을(What)에 해당하는 것은 인간의 이성, 분석적 사고, 언어를 담당하는 신피질이다. 가운데 왜(Why)에 해당하는 것은 신뢰, 충성심 같은 감정을 관장하는 변연계다. 변연계는 인간의 행동과 의사결정을 담당한다. 일하고 커뮤니케이션하는 것도 안에서 바깥쪽으로 해야 한다. 즉, 왜(Why) → 어떻게(How) → 무엇을(What)의 순서로 해야 한다.

일의 목적은 '제품을 파는 것'이 아니라 '신념을 나누는 것'이다. 예를 들어 직원을 채용할 때는 '왜', 즉 목적과 신념을 함께 나눌 사람을 뽑아야 한다. 직업능력에 적합한 사람을 채용한다면 그는 월급봉투를 위해 일할 것이다. 하지만 신념이 같은 사람을 채용한다면 그는 피와 땀과 열정을 바쳐 일할 것이다.

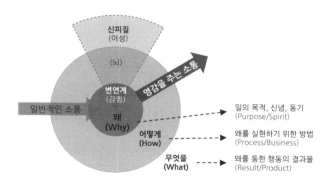

골든 서클

기성세대가 일의 목적을 '무엇을 하는가'에 둔다면 밀레니얼세대는 '왜 하는가'에 둔다. 밀레니얼세대는 기성세대처럼 좋은 직업을 갖고 돈을 많이 벌기 위한 것보다는 자신의 신념을 세상에 보여주고 싶어 한다. 밀레니얼세대에게 직업은 세상에 의미가 있고 그러면서도 이왕이면 재미있는 일을 하면서 가치 있는 삶을 영위하기 위한 수단이다. 왜(Why)라는 신뢰와 신념을 따르는 그들은 회사나 관리자를 위해 일하지 않는다. 가슴 뛰게 하는 신념과 꿈 때문에 일한다. 그래서 그런 신념과 꿈을 심어주는 리더와 일하고 싶어 한다.

일에 대한 인식은 어떻게 다를까

직장에서 업무를 대하는 태도는 세대별로 다르다. 업무에 대한 인식,

업무 관련 장점, 일과 삶의 균형에 대한 태도, 일을 통해 궁극적으로 얻고자 하는 것, 커리어 및 이직에 대한 인식, 알맞은 옷차림, 경력 목표, 사무 공간, 최신 기술에 대한 인식 및 활용, 직업 유지 사유 등 세대별로 차이점이 있다. 업무에 대한 다른 세대의 인식 차이를 이해해야 한다. 그래야 세대 간 갈등을 줄이고 화합을 도모하면서 보다 효율적이고 효과적인 업무수행이 가능해지기 때문이다. 다음 표를 보면서 세대별 업무에 대한 인식 차이가 현실에서 어떻게 나타나는지 생각해보자. 의미 있고 공감 가는 부분이 많을 것이다.

필자는 퇴직상담을 꽤 많이 해봤다. 퇴직에 대해 "하루에도 몇 번은 생각하지"라고 말하는 밀레니얼세대가 정말 많았다. 그러면 X세대인 필자는 늘 "할 수도 있지 뭐" 하며 후배 직원의 퇴직을 만류하기보다는 후회 없도록 현명한 의사결정을 하도록 도왔다. 이때 기성세대인 선배 관리자에게 의견을 구하면 "다시 생각해봐" 또는 "지혜롭지 않아"라는 전제하에 의견을 제시하는 경우가 많았다.

드레스 코드만 해도 밀레니얼세대는 금요일이면 편한 옷차림으로 출근하는 모습을 심심찮게 볼 수 있었다. 업무 시 테크놀로지 활용도 마찬가지다. 베이비붐세대 정도 되는 임원이면 대개 컴퓨터 자판을 독수리 타법으로 두들기는 것은 기본이고 어지간한 소프트웨어 활용은 꿈도 못 꾼다. 밀레니얼세대는 다르다. 듣도 보도 못한 최신 프로그램을 가장 먼저 설치해서 업무에 유익하게 활용하고 있다. 최신 기술과 관련해서는 거의 전문가 수준으로 기성세대의 멘토 역할을 흔쾌히 자처하고 친절하게 알려준다.

일에 대한 세대별 인식19

구분	전통세대	베이비붐세대	X세대	밀레니얼세대
일에 대한 인식	의무	생계수단	어려운 도전	목표를 이루기 위한 수단
업무 관련 장점	권위 존중	성실	자립적	멀티태스킹
업무 윤리와 가치	열심히 일하는 사람(Hard Worker)	일중독(Workaholic) 일 중심	작업 제거 회의적	멀티태스커 (Multi-tasker) 창의적, 도전적
일 vs. 삶	일 ≠ 삶 (양립불가) : 일과 삶의 분리	일 〉삶 : 일이 우선, 생존	일 = 삶 : 일과 삶의 균형	일 ≤ 삶 : 일과 삶의 통합
일과 관련해 얻고자 하는 것	자택 소유	자택 소유, 가족 부양 직업의 안정성	일과 삶의 균형 직장과 가족 (사생활) 사이의 균형	일과 삶의 균형 직장과 가족 (사생활) 사이의 균형
커리어에 대한 인식	인생의 직업	고용주에 의해 정의된 경력	이른 경력 관리, 고용주가 아닌 직무에 충성	디지털 사업가, 조직을 '위해'가 아닌 조직과 '함께' 일함
이직에 대한 인식	"지혜롭지 않아."	"다시 생각해봐."	"할 수도 있지 뭐."	"하루에도 몇 번은 생각하지."
회사 옷차림 (드레스 코드)	정장	비즈니스 복장	비즈니스 캐주얼	일하기 편한 옷
경력목표	한 회사와의 평생 경력 만들기	완벽한 경력을 쌓고, 직장에서 탁월하기	전수할 만한 경력을 쌓고, 다양한 기술과 경험 쌓기	다양한 경력 또는 사업을 만들면서 몇몇 일을 동시에 가지기
사무 공간	오직 사무실	긴 시간 오직 사무실	사무실, 집, 유연한 일정	사무실, 집, 유연한 일정
최신 기술 인식/사용	기술 소외자/ 불편한	최초 활용자/ 불안정한	디지털 이민자/ 업무에 필수	디지털 원주민/ 불가능
업무 중 기술 활용	사무실에서만 문서, 전자 메일, 웹 대신 도서관 이용, 전화 사용 제한	보조자가 준비한 문서, 주로 사무실에서 전자 메일 사용, 제한된 웹 사용	자체 문서 작성, 모바일 및 노트북 사용, 연구, 검토 등에 웹 사용	자체 문서 작성, 데이터베이스 작성, 연구 및 네트워크용 웹 사용
직업 유지	조직 로열티	봉급	직무 안정성, 직무 로열티, 봉급	개인적 관계나 신념

요즘 것들이 일하는 스타일

밀레니얼세대가 일할 때의 특징은 기성세대와 다르다. 밀레니얼세대의 특징을 7가지로 정리했다. 이 7가지 특징에 따라 밀레니얼세대가 일할 때 일반적으로 어떤 특징을 보이는지 살펴보자.

첫째, 질문자인 그들은 의사결정이나 업무처리의 투명성을 요구한다. 새로움과 도전을 찾지 못하면 떠난다. 규칙을 위한 규칙을 싫어한다. 자유롭게 생각하고 적극적으로 의견을 제시한다.

둘째, 조급증 어른이인 그들은 팀으로 일하기를 좋아한다. 다른 사람의 의견을 듣고 문제해결을 위해 협력한다. 더 빨리, 더 쉽게 일하려고 한다. 종종 인내심이 부족하다.

셋째, 학습자인 그들은 놀이처럼 일하기를 좋아한다. 평생학습은 필수적이라고 인식한다. 윗사람들로부터 지식과 기술을 얻고자 한다. 경험을 통해 배운다.

넷째, 최신 기술 숙련자인 그들은 이기적이기보다는 독립적이다. 업무에 최신 기술을 잘 활용한다. 최신 기술로 귀찮은 일을 줄이고 시간을 번다. 더 쉽게, 더 빨리 일한다. 멀티태스킹에 능하다. 면대 면보다 이메일 보고가 편하다. 텍스트보다 그림에, 읽기보다 보기에 더 익숙하다. 온라인 공동체(덕후)를 활용한다.

다섯째, 의미 추구자인 그들은 일이 돌아가는 모든 상황을 알고 싶어 한다. 일 자체에 대한 내재적 동기가 크다. 일하는 데 의미가 있으면 좋다는 수준이 아니라 반드시 있어야 한다. 단순 반복적인 시시콜콜한 업무를 싫어한다. 의미 있는 일이라면 연봉이나 직위도 희생할 수 있다.

여섯째, 현실주의자인 그들은 일과 삶의 경계를 뚜렷이 구분하지 않는다. 일보다 삶이 중요하다. 직장에서의 성공보다 인생 전반에서의 성공을 원한다. 열심히 일하지만 개인생활을 너무 희생한다고 생각하면 다른 대안을 적극적으로 찾는다.

일곱째, 성취주의자인 그들은 성장에 대한 기대치가 높다. 일을 피하지 않고 열심히 한다. 성과와 그에 대한 피드백에 예민하게 반응한다.

요즘 것들과
일하는 레시피

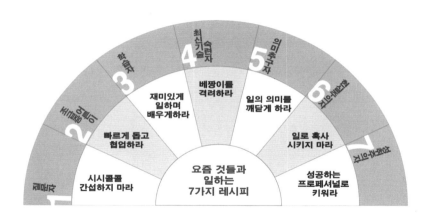

레시피1 시시콜콜 간섭하지 마라

한 연구에 따르면 직급이 낮을수록 창의성이 높다고 한다. 회사에서
가장 업무량이 많은 직급인 과장, 차장 직급이 가장 창의성이 낮았다.

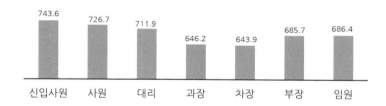

직장인 직급별 창의성 진단20

신입사원	사원	대리	과장	차장	부장	임원
743.6	726.7	711.9	646.2	643.9	685.7	686.4

이 연구가 던지는 중요한 시사점이 하나 있다. 실제 밀레니얼세대에 해당하는 신입사원, 사원, 대리급의 젊은 직원들이 창의성을 발휘할 업무 환경을 조성하는 것이 조직의 미래를 결정한다는 점이다. 그러나 필자가 컨설팅하면서 만난 대부분의 조직이 창의성을 발휘하기는 커녕, 창의성을 막는 상명하복의 경직된 조직문화로 온갖 문제점을 안고 있었다. 세상은 4차 산업혁명으로 급속하게 바뀌고 있는데 아직 조직의 엔진인 문화는 3차 산업혁명의 구닥다리 엔진을 달고 있는 꼴이다.

생각의 신선도를 관리하라

최근 글로벌 사업에 박차를 가하는 A기업에서는 창의적이고 유능한 인재를 뽑는다며 채용컨설팅을 받아서 채용절차를 더 강화했다. 여러 단계의 장애물을 무사히 통과해 수백 명의 경쟁자를 제치고 이 회사에 입사한 김 사원, 그는 스펙만큼이나 자신감이 넘친다. 전략기획팀으로 발령받은 김 사원은 신규 입사자 축하를 위해 CEO가 마련한 점심 자리에 참석하게 되었다. 전략기획팀 김 팀장은 식사 전에 김 사원을 불러 당부한다. CEO가 하고 싶은 얘기를 하라고 해도 절대 나서서 주제넘은 얘기는 하지 말라는 것이다. 김 사원은 고개를 갸우뚱했지만 아무 말 없이 식사를 마쳤다.

 김 사원이 입사한 지 어느덧 7개월이 지났다. 그동안 회사와 팀에도 어느 정도 적응했다. 업무가 점점 파악되어 가니 부조리한 모습이 하나둘 눈에 들어오기 시작했다. 신상품 발굴을 위한 아이디어를 제시해보라는 팀장의 지시에, 최근 덕후들 사이에 핫하다는 아이템에다 자신의 창의력을 더해 야심차게 기획서를 만들었다. 신입사원이 맡은 일치고는 꽤 도전적인 업무였다. 다음 날 팀장이 그를 부르더니 다짜고짜 "여기가 무슨 학교 동아리인 줄 알아? 기획을 해야지 허무맹랑한 아이디어로 뭘 어쩌자는 거야?"라며 야단을 쳤다. 며칠 동안 머리를 싸매며 나름 창의력을 발휘해 제안한 건마다 이런 식으로 피드백을 받으니, 점차 업무에 흥미와 의욕을 잃고 무기력해진다. 누가 알아주지도 않는데 하며 조금씩 변한다. 입사 동기인 마케팅팀 이 사원도 만날 때마다 주인의식을 갖고 일하기 힘든 폐쇄적인 조직문화에 불만을 늘어놓는다. 계속되는 실패 경험으로 이미 '학습된 무력감(Learned Helplessness)'에 빠진 것이다.

 긍정심리학의 창시자로 일컬어지는 마틴 셀리그먼이 재미있는 실험을 했다. 바닥에 무작위로 전기가 통하게 하고 우리 가운데 허들을 설치한 다음 개를 밀어 넣는다. 개는 처음에 우리를 벗어나기 위해서 노력한다. 하지만 반복 경험을 통해 허들이 너무 높고 빠져나갈 수 없다는 것을 터득한 개는 이내 웅크리고 앉아 아무 노력도 하지 않는다. 학습된 무력감에 빠진 개는 사실 충분히 넘을 수 있는 허들인데도 웅크리고 앉아 전기 충격을 감내한다.

똑똑한 직원들이 입사한 지 불과 몇 달 지나지도 않아 금세 열정을 잃는다. 이처럼 많은 요즘 것들이 학습된 무력감에 빠져 좀비처럼 되어가는 이유는 무엇일까? 바로 두 가지다. 하나는 실패를 용인하지 않는 꽉 막힌 조직문화 때문이다. 실패의 경험을 학습과 성장의 기회로 보지 않고, 성공 아니면 실패의 이분법적 사고로 보는 것이 문제다. 다른 하나는 권위주의와 타성에 사로잡힌 꼰대 상사 때문이다. 자유롭게 생각하고 적극적으로 의견을 제시하는 질문자인 밀레니얼세대는 형식적인 규칙을 싫어한다. 새로움과 도전을 찾지 못한다면 그들은 떠나버릴 것이다. 요즘 잘 나가는 구글, 애플, 페이스북, 알리바바 등 글로벌 기업의 공통점이 있다. 수평적 조직문화로 밀레니얼세대가 창의력을 발휘하기에 좋은 환경을 만들려고 노력한다는 점이다. 마치 생선을 신선하게 보관하기 위해 냉장고에 넣어서 관리하듯이, 관리자는 직원들이 생각의 신선도를 유지하도록 조직 환경을 조성해야 한다. 4차 산업혁명 시대에 요구되는 조직의 모습은 펄떡펄떡 살아있는 신선한 생각들로 가득 차 생동감이 넘쳐야 한다. 경영자는 고정관념과 틀을 깨는 사고를 하도록 창의적인 조직문화를 만들어야 한다. 톰 피터스가 얘기한 대로 최고파괴책임자(CDO: Chief Destroy Officer)가 되어야 한다.

보이는 것보다 보이지 않는 것을 혁신하라

최근 유명한 글로벌 기업들이 위기를 겪고 있다. 예를 들어 미쓰비시는 연비 부풀리기로, 폭스바겐은 배출가스 저감 장치 조작으로, 도시바는 회계장부 조작으로 저마다 이유는 달랐다. 이들 회사는 경영진의 무리한 목표설정에도 'No'라고 못하는 상명하복의 조직문화라는 공통적인 문제점이 있었다. 실제 이들 회사의 본사가 위치한 일본과 독일은 전형적인 상명하복 문화가 있는 국가다. 실제《21세기 초일류기업으로 가는 기업문화혁명》에서 찰스 햄튼 터너와 알폰스 트롬페나르는 일본과 독일을 홍콩 등과 함께 가장 위계적인 국가로 지목하기도 했다.

현명한 관리자는 보이는 '상품(Goods)'이 아니라 보이지 않는 '좋은 분위기(Good Atmosphere)'를 만들기 위해 노력한다. 대표적인 회사가 헤이 데이(Hay Day, 건초 하기 좋은 날), 클래시 오브 클랜(Crash of Clan, 부족들의 전쟁) 등 모바일게임으로 유명한 핀란드 회사 슈퍼셀(Supercell)이다. 이 회사 CEO인 일카 파나넨(Ilkka Paananen)은 도전을 두려워하지 않고, 실패를 용인하는 혁신적 조직문화를 만드는 것으로 유명하다. 이 회사에서는 실패에서 얻은 경험을 축하하며 실패를 장려하고 이를 통해 배운다. 위험을 무릅쓰는 행동에 보상하지 않는다면 사람들은 위험을 무릅쓰려고 하지 않을 것이다. 아무리 뛰어난 인재도 누구나 실패를 겪게 마련이다. 중요한 것은 여기에 어떻게 대응하는가, 그것을 통해 무엇을 배우는가이다.

2016년 5월 〈하버드 비즈니스 리뷰〉지에 '당신의 실패수익률

(ROF:Return On Failure)을 올려라'라는 제목의 기사가 실렸다. 실제 2015년 보스턴컨설팅그룹의 조사결과 혁신을 가로막는 주요 장애물로 위험을 회피하는 문화(31%)가 꼽혔다. 실제 성장하는 기업들의 발목을 잡는 것은 실패에 대한 두려움이다. 이 기사에서는 2명의 유명 CEO 인터뷰를 통해 실패수익률을 높이는 것의 중요함을 강조한다.

"가장 훌륭하고 어려운 일은 모험과 도전정신으로 이루어진다. 그러다 보면 실수를 할 수도 있다."- 쓰리엠(3M)의 전설적 회장, 윌리엄 맥나이트

"실수는 필요악이 아니다. 악이라고 할 수조차 없다. 새로운 일을 하면서 피할 수 없는 결과이며, 가치 있는 일로 봐야 한다."- 픽사(Pixar) 사장, 에드 캣멀

슈퍼셀은 이러한 실패수익률을 높이는 문화를 바탕으로 승승장구하고 있다. 2017년 2월 슈퍼셀에서 발표한 바에 따르면 2016년 연간 매출은 23억 1,500만 달러(한화 약 2조 6,322억 원)이며, 영업이익도 10억 1,400만 달러(한화 약 1조 1,529억 원)에 이른다.

원하는 삽질을 마음껏 하게 하라

작은 회사를 지향하는 직원 210명(2016년 기준)의 슈퍼셀은 기존 기업의 조직문화가 지닌 한계를 극복하기 위해 최소 2명에서 14명으로 이뤄진 '셀(Cell) 문화'를 만들었다. 각각의 셀은 아이디어 제안부터 게임 개발까지 전 과정을 자체적으로 책임지고 수행한다. 각 셀에는 주요 의사결정권이 위임되어 셀마다 자유롭게 개발에 임한다. CEO

파나넨은 최선을 다해 노력했는데도 실패했다면 그간의 노력을 충분히 인정해준다. 성공했을 때는 맥주로 간략한 축하파티를 열고, 실패했을 때는 실패로 또 하나의 경험을 얻었다고 축하하는 샴페인 파티를 연다. 이렇게 직원들에게 전이되는 실패에 대한 두려움을 해소해나간다. 파나넨은 직원들에게 자신을 '가장 힘없는 CEO(The Least Powerful CEO)'로 만들어달라고 요청한다. 일할 분위기를 만드는 데만 힘쓰게 해달라는 것이다.

파나넨에게서 얻을 수 있는 중요한 메시지가 두 가지 있다.

첫 번째는 직원들이 실패를 두려워하지 않고, 도전적이고 창의적으로 일할 '안전한 실험실'을 조성해야 한다는 것이다. 그는 2016년 〈하버드 비즈니스 리뷰〉지 4월호 '문제의 주범은 문화가 아니다'라는 제목의 기사를 통해 다음과 같이 얘기한다.

"낡은 전략이나 비즈니스 모델을 다시 만드는 것처럼 어려운 도전과제에 대처해 새로운 프로세스나 구조를 시행한 후에 비로소 문화적 변화가 일어난다. 그런 중요한 일을 수행함에 따라 문화도 같이 진화한다."

거창하게 대뜸 문화부터 바꾸려들지 말고 도전과제에 대처하는 작은 노력부터 시도하라는 것이다. 문화를 바꾸기는 쉽지 않다. 예를 들어 넷플릭스는 우편을 통한 DVD 대여업으로 시작해 불과 10여 년 만에 세계 영화 콘텐츠 시장의 판도를 바꾼 기업이다. 이 기업은 핵심가치와 행동강령, 인재상 등이 담긴 기업문화 지침서를 인터넷에

공개해 새로운 기업문화의 전형으로 화제가 되었다. 넷플릭스는 다른 기업이 이 지침서를 보더라도 단기간에 기업문화를 따라 하기가 쉽지 않다는 사실을 잘 알고 있었다.

두 번째로 관리자는 직접 창의력을 발휘하는 사람이 아니라 직원들이 창의력을 충분히 발휘하도록 창의적 직무환경을 조성하는 사람이어야 한다는 것이다. 《한비자》에서도 현명한 군주는 스스로 나서지 않고 슬기로운 자에게서 지혜를 끌어낼 것을 강조한다. 관리자는 직원과 지혜를 다투려고 하지 말고 직원의 능력과 지혜를 최대한 빌리고 끌어내야 한다. 후배 직원과 팻대를 세우며 논쟁을 벌이거나 자신의 현명함과 똑똑함을 자랑해서는 안 된다.

미국 인구의 2%밖에 안 되는 유대인들이 페이팔, 구글, 페이스북 등의 기업을 탄생시킨 실리콘 밸리를 이끌면서 세계경제를 호령하고 있다. 이는 실패도 성공을 위한 과정으로 용인하는 이스라엘의 문화에 힘입은 바 크다. 댄 세노르와 사울 싱어는 이스라엘 경제성장의 비밀을 다룬 책 《창업국가》에서 실패를 두려워하지 않는 유대인의 '후츠파(Chutzpah) 정신[21]'이 창의력을 이끌어내는 원동력이라고 얘기한다. 한 번만 실패해도 실패자로 낙인찍는 우리 문화와 대비된다. 이스라엘은 실패를 경험하면 다시 실패할 가능성이 줄어든다고 인식하고 재창업 시 더 많은 자금을 지원한다고 한다. 또 실리콘 밸리에서 유대인 창업가들이 투자받는 확률은 97%인데 우리나라는 1.5%에 불과한 실정이다. 우리도 기업과 국가 모두 삽질을 응원하는 일명 '성실실패[22]'를 장려하는 문화가 절실하다.

방목하라, 무리와 함께하는 양치기가 되어라

직무자율성은 주어진 업무를 얼마나 독립적이고 자유롭게 할 수 있는지, 직무를 수행하는 절차나 일정과 계획에 대한 재량권이 얼마나 있는지를 가리키는 개념이다. 직무자율성은 성과를 증진하고 내적 동기를 유발하는 핵심 직무조건 중 하나다. 직무자율성이 높을수록 직무의 성과와 업무 만족도가 높아지고 스트레스가 감소한다. 자율성을 높이려면 직무자율성을 단계별로 부여한 후에 업무통제권을 허용하는 단계적 접근이 필요하다. 리더는 부하의 자율성을 지지해주기 위해 의도적으로 노력해야 한다.[23]

프레데릭 모게슨과 스티븐 험프리는 직무자율성을 세 가지로 나눈다. 스스로 독창성과 판단력을 발휘할 기회와 재량권을 주는 의사결정(Decision Making)의 자율성, 업무 수행방식을 스스로 결정할 자유에 대한 독립성이 보장되는 업무방식(Working Methods)의 자율성, 일을 처리하는 순서와 계획을 수립하는 결정 및 권한을 부여하는 업무계획(Working Scheduling)의 자율성이 그것이다. 당신은 밀레니얼세대 직원들에게 어떤 자율성을 부여하고 있는가? 밀레니얼세대의 뇌 구조에 '자유'가 크게 자리 잡고 있음을 명심하라. 관리자라면 이를 어떻게 충분히 활용할지 고민해야 한다.

쓰리엠(3M)에는 15% 룰이 있다. 연구 시간의 15%를 회사에서 주어진 업무와 관계없이 자신이 원하는 프로젝트나 작업에 사용하도록 연구원들에게 자율성을 부여하는 제도다. 구글의 20% 룰은 이를 벤치마킹한 것이다. 많은 글로벌 기업이 이처럼 직원들에게 자율성을 부여해 성과를 이끌어내고 있다. 미국 오럴로버츠대의 경영학 교수이자 유명 팟캐스트 진행자이기도 한 데이비드 버커스가 쓴《경영의 이동》에 등장하는 한 회사를 소개한다.

이 회사에는 관리자가 없다. 정해진 직책도 없으며 신입직원도 예외 없이 다양한 프로젝트를 순환하며 여러 개의 프로젝트에 합류할 수 있다. 아무도 신입직원에게 뭘 하라고 시키지도 않는다. 모든 직원의 책상에는 바퀴가 달려 어디든 이동할 수 있다. 뭘 하라고 말하는 사람은 없지만, 어떤 일을 할 수 있을지 말해주는 사람은 많다. 모든 프로젝트는 개인 또는 그룹이 회사에 아이디어를 제안하고 팀을 구성하는 것으로 시작된다. 충분한 수의 사람이 그 모임으로 책상을 끌고 오면 프로젝트가 시작된다. 프로젝트 리더는 있지만 지시하는 것이 아니라 일의 진행상황을 조율할 뿐이다.

이 회사를 세운 두 명의 설립자는 기본적으로 관리자들은 절차를 만들어내는 일을 잘할 뿐이며 각자 맡은 분야에는 안 맞는다고 생각했다. 그래서 수평적 조직구조를 만들었다. 다만 동료평가 미팅(Peer Review Session)을 통해 같이 일한 사람을 익명으로 평가하여 개인에게 보고서를 보내는 실적 관리시스템을 적용하고 있다. 재능 수준, 생산성, 팀 기여도, 제품 기여도의 네 가지 요소로 평가해 등급에 따라 개인별로 차등 보상한다. 또 모든 직원이 채용 의사결정권을 가진다. 대신 재능 있고 협동적이며 이 회사를 운영할 능력이 있는지 철저히 따져 직원을 채용한다. 채용은 이 회사의 핵심 성공요인이기도 하다. 그렇다고 규모가 작은 회사도 아니다. 1996년에 설립됐으며 현재 직원은 400여 명에 달한다.

　지금까지 소개한 회사는 바로 워싱턴주 벨뷰에 소재한 '밸뷰 소프트웨어(Valve Software)'라는 게임 회사이자 엔터테인먼트 회사다. 비상장기업이지만 기업가치가 40억 달러(4조 5,000억 원)에 달한다고 추정될 만큼 비약적 성장을 이룬 회사다. 도대체 무엇이 이 회사를 이렇게 성장하도록 했을까? 그 본질은 바로 '자율성'이다. 에드워드 데시와 리처드 라이언이라는 로체스터대의 두 교수가 이를 최초로 증명했다. 이들은 1970년대에 동기부여와 그 원인을 연구하기 시작해 '자기결정성 이론(Self-determination Theory)'으로 정리했다. 이 이론의 핵심은 내재적 동기의 핵심요소는 '자율성'이라는 것이다. 여기서 자율성은 삶과 일에서 선택권을 갖고자 하는 보편적 욕구를 뜻한다. 수많은 학자가 자기결정성 이론을 발전시켜 직원들이 느끼는 자율성이 실적과 상당한 상관관계를 보인다는 사실을 확인했다. 관리자들이 통제권을 줄일수록 직원들은 업무를 더 잘하게 된다는 사실을 증명한 것이다.

　조직의 리더는 직원들에게 자율성을 부여하고 관리자의 통제권을 줄여야 한다. 그러면 직원들이 업무에 매진하면서 사기가 올라가고 로열티도 생긴다. 그렇게 해서 생산성 향상에 기여하게 된다. 관리자는 현재 자신의 조직이 어떻게 직원의 자유를 제한하며 잠재력의 발휘를 방해하는지 성찰해야 한다. 요즘 것들을 조직에 머물게 하고 성과를 내게 하려면 그만큼 기성세대가 변화를 각오해야 한다. 밀레니얼세대 직원들은 사실 조직이 아니라 사람을 떠나는 것이다. 직원들의 열정이 떨어지는 이유는 권위의식에 사로잡혀 통제권을 이양하지 않는 기성세대 꼰대들 때문이다. 그런 사람들이 없어야 직원들의 열정과 사기가 살아나고 조직이 살아난다. 규칙을 위한 규칙을 싫어하고 자유롭게 생각하는 특성이 있는 밀레니얼세대는 새로운 관리자에 목마르다.

"가장 좋은 다스림은 밑에 있는 사람들이 다스리는 자가 있다는 것만 알 뿐이다(太上, 下知有之)." - 노자, 《도덕경》 17장 중에서

직원 행복에 맞춰 근무방식을 바꿔라

미국상공회의소는 2015년 발표한 보고서에서 밀레니얼세대를 유인할 방편으로 유연근무제를 강조했다. 밀레니얼세대는 개인생활을 포기하고 회사에 '올인'했던 기성세대와는 다르다. 그들은 업무와는 별개로 여가생활을 할 독립된 시간을 필요로 한다. 유연근무제는 그런 특성이 있는 밀레니얼세대의 생애 주기에 맞춘 현실적인 대안이다. 기업은 재택근무제 및 출퇴근 시간선택제 등 유연근무제를 활용해 업무효율과 직원의 만족도를 높이고자 노력하고 있다. 하지만 적용에 적잖은 어려움을 호소하는 기업이 많다.

우리나라에서는 유연근무제 외에 별다른 대안이 없을까?

경제협력개발기구(이하 OECD)가 2016년 4월 발표한 세계 29개국의 통근시간을 보면 OECD 평균이 28분인 데 반해 우리나라는 58분이었다. 2011년 조사 때보다 OECD 평균은 10분가량 줄어든 반면 한국인의 통근시간은 3분이 더 늘어난 것이다. 사실 이는 서울 등 대

도시의 주거비용이 높아지면서 외곽으로 거주지를 옮긴 장거리 통근족이 늘어났기 때문이다.

통근 거리는 행복과 반비례한다. 서울연구원이 2014년 발표한 '대중교통 서비스 개선을 위한 서울시 출근통행의 질 평가'라는 보고서가 이 사실을 증명했다. 단거리(5km 미만) 통근자의 행복지수(73.9%)가 가장 높고, 중거리(5~25km)는 71.6%, 장거리(25km 이상)는 70.1%이었다. 통근 거리가 짧을수록 대중교통 행복지수가 높았다. 통근 거리는 기업의 성과와도 관련이 있다. 경영컨설팅 업체인 타워스 왓슨이 2012년 조사한 바에 따르면 '현재 직장에 입사할 때 가장 중요하게 고려한 요인'에 대해 한국 직장인은 '출퇴근이 편리한 근무 위치'를 3위로 꼽았다. '고용안정성'과 '경쟁력 있는 급여' 다음이었다. 인재를 잡으려면 출퇴근 시간을 고려해야 함을 알 수 있다. 2013년 구글의 최고재무책임자 패트릭 피셰트는 "원거리 통근자가 몇 명인가?"라는 질문에 '가능한 한 최소화하는 게 목표'라고 답한 바 있다.

재택근무제, 어떻게 봐야 할까?

2017년 5월 18일 월스트리트저널은 아이비엠(IBM)이 1993년 도입한 재택근무제를 24년 만에 전격적으로 폐지한다고 보도했다. 그 이유는 최근 20분기 연속 실적 부진에 시달리자 업무 효율성을 높이고, 시장 변화에 빠르게 대응하기 위해서였다. IBM의 선택은 큰 반향을 일으켰다. 그동안 '통근자 고통지수'를 계량화하며 원격근무를 주장한 재택·원격근무의 주역격이었기 때문이다. 유비쿼터스 업무 환경 구축에 앞장섰던 회사이기도 하다. IBM뿐만이 아니다. 야후, 레딧, 베스트바이, 뱅크오브아메리카(BOA)와 보험회사인 애트나 등도 재택근무를 폐지했다. 재택근무제는 업무의 생산성과 효율성 제고, 교통비 및 탄소배출 감소, 사무실 비용 절감 등의 장점이 있는 반면, 일과 삶의 경계가 불명확해지고, 업무시간과 강도가 높아지며 진정한 대면 면담이 사라지는 단점도 지닌다. 이로 인해 팀의 시너지를 기대할 수 없고 소외감과 단절감을 느낄 수 있다. 사실 이러한 사무실로의 복귀에는 '협업' '창의' '속도'라는 시대적인 요구가 숨어있다. 이는 밀레니얼세대의 특성이기도 하고 4차 산업혁명 시대가 요구하는 가치이기도 하다. 함께 일할 때 정보교류가 더 용이하고 더 창의적이며 이는 혁신의 중요한 요건이 된다.

레시피2 빠르게 돕고 협업하라

"당신이 혁명을 시작하고 싶다면 '몇 명이나 내 생각을 지지할까?'라고 묻지 말고 '내 지지자들 가운데 몇 명과 효과적으로 협력할 수 있을까?'라고 물어라."

유발 하라리의 《호모데우스》에 나오는 구절이다. 책에서는 또 "러시아혁명은 1억 8,000만 농부들이 차르에 항거해 일어났을 때가 아니라 소수의 공산주의자들이 적재적소에 있었을 때 터져나왔다….

그럼에도 공산당원들이 광대한 러시아 제국을 손에 넣은 것은 조직력이 뛰어났기 때문이다"[24]라고 말한다. 여기에 밀레니얼세대와 함께 일하는 기성세대에게 던지는 메시지가 있다. 기성세대는 협업을 위해 고정관념과 타성에서 과감히 벗어나야 한다.

다수결보다 만장일치로 결정하라

리더는 독단으로 의사결정하지 않는 것은 물론이고 다수결보다 만장일치로 결론을 이끌어내는 능력을 갖춰야 한다. 의사결정 과정에 밀레니얼세대를 참여시켜 협업을 이끌어내야 한다. 조급증 어른이인 밀레니얼세대는 협력적이다. 그들은 좋아하고 신뢰할 수 있는 사람들과 팀으로 일하기를 좋아한다. 그렇게 성장해왔기 때문이다. 밀레니얼세대는 모르는 사람과 관계를 맺는 데 익숙하고 경계 없는 집단지성을 추구한다. 그들은 일명 팀플(팀 프로젝트)에 익숙해서 다른 사람의 의견을 공유하고 문제해결을 위해 기꺼이 협력한다. 예를 들어 친환경 제품 생산업체 LDI는 새로운 아이디어를 실행에 옮길 때 'BAT'라는 '비즈니스 행동팀'을 소집하는데, 모든 부서의 모든 세대가 참여한다. 회사에서는 밀레니얼세대가 팀에 꼭 소속되도록 권장하고, 실제 밀레니얼세대가 프로젝트 리더 역할을 하기도 한다. 프로젝트 결과물을 회사 경영진에게 보고할 때도 밀레니얼세대가 나서서 자료를 발표한다.

개방형 사무실의 직원이 병가를 더 많이 낸다

구글, 페이스북, 애플 등은 밀레니얼세대가 선호하는 대표적인 기업이다. 이 기업들은 사무실 근무를 강화하는 전략으로 성과를 높이려고 노력하고 있다. 각종 사내 복지시설과 서비스를 제공해 직원들을 최대한 사무실에서 오래 머물게 하면서 소통하도록 하는 전략이다. 이들 기업의 신사옥 설계 시 공통점은 화장실, 휴게실 등 필수 이용시설을 중앙에 배치한 점이다. 우연한 만남이 일어나도록 공간과 동선을 설계한 것이다. 이처럼 사무실 공간의 혁신은 조직의 성과를 고민하는 경영자에게 중요한 관심사다. 일하는 방식 관련 프로젝트를 통해서 확인해 봐도, 실제로 많은 글로벌 기업이 일하는 방식의 개선을 위해 사무공간의 혁신에 많은 관심을 기울이며 기업의 특성에 맞춰 새롭게 바꾸고 있다. 그러나 사무공간을 구글과 비슷하게 바꾼다고 해서 구글처럼 되는 것은 아니다. 자기 회사에 맞는 직원 중심의 공간구조를 고민해야 한다.

오럴로버츠대 경영학 교수인 데이비드 버커스의 책《경영의 이동》에서는 방대한 연구결과를 인용해 좋은 사무실 환경에 대한 중요성을 강조한다. 일반적으로 개방형 사무실이 소통기회를 높여 협업이 더 잘 이루어지리라 생각한다. 그러나 많은 연구에서 확인하기로는 개방형 사무공간은 오히려 시간이 지날수록 단점이 크게 드러났다. 실제 소음 등으로 인한 육체적 스트레스 증가, 업무 집중도 저하, 팀원과의 관계 악화, 업무환경 만족도 하락, 업무성과 저하를 가져왔다. 심지어 개방형 사무실일수록 병가를 신청한 직원이 많았다. 즉, 개방형 사무실이 협력과 생산성을 높이지 않는다는 것이다.

좋은 사무실의 핵심은 무엇인가? 그것은 본질적으로 직원들에게 가장 도움이 되고 그들의 업무 특성에 가장 적합한 공간을 조성하는 것이다. 사무실이 개방형인가 폐쇄형인가가 중요한 것이 아니라, 회사가 일하는 장소에 얼마나 많은 자율성과 재량권을 제공하느냐가 중요하다. 이는 기성세대보다 자유로운 업무 분위기를 선호하는 밀레니얼세대에게 매우 중요한 업무의 전제조건이다.

협업을 위해 도구를 활용하라

어떤 리더든지 자신의 팀원을 인재들로 구성하여 협업을 통한 시너지를 극대화하는 일명 '드림팀'을 꿈꾼다. 하지만 현실은 여러모로 괴리가 있다. 팀워크 연구의 세계적인 권위자인 영국의 메러디스 벨빈은《팀이란 무엇인가》에서 우수한 집단일수록 고성과를 낼 것이라는 가정 아래 연구를 했다. 그런데 우수인재 집단인 아폴로 팀의 성과가 별로 높지 않게 나타났다. 이것을 '아폴로 신드롬'이라고 한다. 우주선 아폴로호를 만드는 일처럼 복잡하고 어려운 일일수록 명석한 두뇌의 인재가 필요하지만, 현실에서는 오히려 우수인재들만 모인 조직이 정치 역학적인 위험요인을 지닌다는 것이다. 여기서 알 수 있듯 우수인재들로 팀이 꾸려진다고 해서 꼭 협업이 잘되고 성과가 잘나는 것은 아니다.

어떤 팀으로 구성할 때 협업이 잘되고 시너지가 날까? 이를 알아보려면 벨빈의 팀 역할 모형을 활용한 진단도구를 활용해보기를 추천한다. 이 모형은 팀 구성원의 역할을 아홉 가지 유형으로 구분한다.

진단 결과를 살펴보면 비슷한 유형의 사람들로만 구성된 팀보다는 서로의 약점을 보완하는 다양한 유형의 팀이 시너지를 낸다. 무엇보다 팀 리더의 역할이 중요하다. 가령 팀장이 완결자(Completer)라면 팀 업무 분위기 차원에서 이를 보완하는 팀워크 조성자(Team-builder) 역할을 하는 팀원과 합이 맞을 수 있다. 필자는 팀장 시절 팀원을 채용할 때 이런 점을 염두에 두고 다양성과 팀 시너지 차원에서 서로 다른 유형의 멤버를 뽑았다. 다양성으로 인해 구성원 간 갈등이 발생하는 경우도 있었지만 새로운 도전을 통해 얻는 성찰과 성취감도 컸다.

이 외에도 인간을 성격 유형에 따라 아홉 가지로 구분한 진단 도구인 '에니어그램(Enneagram)'으로 조직 구성원들의 특성을 파악해 소통하고 업무에 활용하면 매우 효과적이다. 이 진단도구는 인간의 본성에 따라 인간 유형을 9가지로 구분한다. 실제 서로의 소통 및 업무 성향을 이해하는 데 이 도구만큼 해석력이 풍부하고 정확한 도구가 없다. 아울러 성격진단인 '엠비티아이(MBTI)'와 강점 진단인 '스트렝스 파인더(Strengths Finder)'를 추천하고 싶다.

직원 유형을 분류하고 관리할 때, 직관보다는 객관적인 도구를 종합적으로 활용하는 편이 유익하다. 진단 툴을 잘 활용하면 팀, 부서, 조직 내 구성원 간 상호 소통과 이해는 물론, 적재적소의 인력배치, 전략적 용인술에 도움이 될 수 있다. 나아가 조직 내 고유한 소통문화로 정착시킬 수도 있다. 리더는 '약점발견자'가 아니라 자신과 직원의 강점을 찾는 '강점발견자'가 되어, 그들의 강점을 활용해 협업 시너지를 극대화할 방법을 늘 고민해야 한다.

인내심을 길러줘라

조급증 어른이인 밀레니얼세대는 인내심이 높지 않다. 일할 때는 불필요하게 피드백을 지체해서는 안 된다. 되도록 즉시 그리고 수시로 피드백하자. 세계적인 회계법인 언스트앤영(Ernst & Young)은 '온라인 피드백 지대'라는 시스템을 24시간 오픈해 부하직원이 언제든 피드백을 요청하면 상사가 즉시 피드백하게 한다.

필자가 성실하게 일하는 후배 직원 강 대리와 상담을 한 적이 있다. 공학을 전공한 그 후배는 몇 번의 직무 이동을 거치면서 지금 하는 업무가 맞지 않는다며 고민이 많았다. 필자는 좀 더 고민하고 참으면서 일을 더 배워보라고 권유했다. 그런데 며칠 후 그 후배 직원은 회사를 나갔다. 이후로도 그 후배 직원과 종종 연락했는데 그때마다 하는 일이 달랐다. 이후 몇 번을 이직하고 지금은 학교에서 박사 과정 중이다. 이런 후배를 보면 한편으로 안타까운 마음이 든다. 그때 조금만 더 참고 일을 계속했으면 어땠을까 하는 마음에서다.

그런 마음을 담아 필자가 '40이 30에게'라는 제목으로 쓴 시가 있다. 회사생활로 여러 고민들이 많은 밀레니얼세대 후배 직원들에게 종종 이 시를 보여주곤 했다. 밀레니얼세대는 의사결정을 할 때 가족 특히 부모의 조언에 영향을 크게 받는다. 그 이유는 헬리콥터 부모의 영향도 있지만 회사에 터놓고 얘기할 만한 선배 직원이 마땅히 없어서이기도 하다. 기성세대는 밀레니얼세대가 인내심을 갖도록 그리고 후회 없는 결정을 하도록 도와야 한다.

40이 30에게

더 빨리 알았다면 할걸

더 그 회사를 다닐걸

더 전문성을 쌓을걸

더 가족을 챙길걸

더 저축해놓을걸

더 인맥을 챙길걸

더 건강을 챙길걸

더 멀리 볼걸

더 잘할걸

더 배울걸

더 읽을걸

더 놀걸

더 갈걸

더 걸*

忍

*the girl: 그 여자 꼭 잡을 걸

레시피3 재미있게 일하며 배우게 하라

업무 중심으로 근엄하게(?) 일하는 기성세대와 달리, 학습자인 밀레니얼세대는 이왕이면 일도 놀이처럼 하기를 좋아한다. 예를 들어 틀에 박혀 정형화된 사무실을 벗어나 휴가처럼 편하게 즐기면서 일할 수 있는 일명 워케이션(Workation: Work와 Vacation의 합성어)을 원한다. 이런 밀레니얼세대 직원들의 특성에 맞게 구글이나 페이스북은 즐거운(Fun and Joyful) 사무실 환경을 만들기로 유명하다.

구글은 본사 건물에 분홍색 플라밍고에 둘러싸인 공룡 화석 모형 등 재미있는 조형물을 설치하기도 했다. 디자인 회사인 아이디오(IDEO)는 회의실에 예쁜 마이크로버스를 설치했다. 영화사인 픽사(Pixar)는 아티스트들의 작업공간을 서부시대의 술집처럼 꾸몄다. 국내에서도 IT 분야처럼 젊은 인재가 많은 업종에서는 게임도 하면서 편하게 쉴 수 있는 공간을 만들고 있다. 소리 없는 헤어드라이어, 날개 없는 선풍기 등 기존 고정관념을 뛰어넘는 파격적인 상품으로 유명한 다이슨(Dyson), 이 회사는 직원들의 창의성을 자극하고 새로운 아이디어를 얻기 위해 다양한 이벤트를 실시한다. 다이슨의 수석 디자인 엔지니어 매트 스틸은 한 인터뷰에서 이렇게 얘기했다.

"기술을 가지고 많이 논다(Play with technologies a lot). 통상 가전제품회사에서는 '자, 이제 선풍기를 만들어보자.' 하면서 제품 개발을 시작하지만 우리는 미리 어떤 제품을 생각하거나 정해놓고 출발하지 않는다. 연구 부서에 속한 사람들이 이런저런 기술을 가지고 노는 과정에서 어떤 아이디어를 떠올리고 그것을 기존 제품과 어떻게 연결할 수 있을지 고민하는 과정에서 새로운 제품이 탄생한다."[25]

밀레니얼세대는 자기개발에 대한 욕구가 강한 편이어서 평생학습이 필수라고 생각한다. 따라서 선배 직원은 그들의 성장 비전과 함께 직무 전문성과 커리어 개발을 도와야 한다. 그뿐만 아니라 밀레니얼세대는 전문성 있는 선배 직원들로부터 지식과 기술을 얻고자 한다. 그들에게 좋은 멘토가 되어주는 것은 매우 중요하다. 또한, 밀레니얼세대는 연결된 전문가들의 의견을 수렴하여 의사결정을 한다. 더욱 중요한 것은 그들이 직접 경험하며 배우려고 한다는 점이다. 그러니 업무지시를 할 때 할 일을 구체적으로 설명해주는 것은 기본이다. 일을 통해 학습할 수 있도록 업무과정에 애정과 관심을 가지고 수시로 피드백을 줄 필요가 있다.

요즘 것들은 놀면서 학습하는 인간이다

네덜란드의 역사학자 요한 하위징아는 《호모 루덴스》에서 인간의 본원적 특성은 사유나 노동이 아니라 놀이라고 했다. 밀레니얼세대는 '놀이하는 인간'을 의미하는 호모 루덴스가 잘 어울리는 세대다. 이들에게 지금까지의 틀에 박힌 딱딱한 일터는 답답하다. 재미있게 일하면서 배울 수 있는 놀이터로 근무환경을 바꿀 필요가 있다.

구글의 문화를 한마디로 정의하면 '재미'다. 실제 무료 식사, 사무실 풍경 등 구글의 사무실 공간은 마치 놀이터 같다. 구글 검색창에 구글 문화(Google Culture)라는 검색어를 입력하면 그들의 문화를 이미지로 금방 확인할 수 있다. 구글의 아홉 가지 핵심가치 중 세 번째가 '재미(Fun)'다. 그들의 성장의 배경에는 밀레니얼세대의 코드에 부합

하는 '재미'라는 코드가 있었음을 상기할 필요가 있다.

구글의 핵심가치

1 우리는 훌륭한 사람들과 일하기를 원합니다

2 기술 혁신은 우리의 피입니다

3 구글에서 일하는 것은 재미있습니다

4 적극적으로 참여하십시오. 당신이 바로 구글입니다

5 성공을 당연시하지 않습니다

6 옳은 일을 하고 악하지 않습니다

7 고객과 사용자 충성도를 높이고 매일 존경합니다

8 지속 가능한 장기 성장과 수익성은 우리 성공의 열쇠입니다

9 구글은 일하며 살고 있는 지역사회를 돌보고 지원합니다

밀레니얼세대들과 일할 때 틀에 막힌 업무 환경에서 벗어나 재미를 가미하는 것은 좋은 방법이다. 미팅을 하더라도 그냥 시작하지 말자. 소소한 일상을 나누며 아이스 브레이킹을 하고 재미요소를 가미해보자. 꼭 관리자 스스로 준비하고 진행할 필요는 없다. 낙천적이고 열정적인 밀레니얼세대 직원에게 맡기는 것도 좋은 방법이다. 뜻밖에 웃음이 터져 나올지 모른다. 또 회사 안팎에서 크고 작은 워크숍을 진행할 때 제발 딱딱하게 진행하지 말자. 재미있는 스팟성 비즈니스 게임을 통해 팀워크도 다지고 창의력도 발휘하는 시간으로 활용하자. 마음만 먹으면 인터넷이나 책을 통해 유익한 비즈니스 게임 관

련 정보를 어렵지 않게 찾을 수 있다. 어렵다면 밀레니얼세대에게 요청해보자.

채용에 9할을 투자하라

한국은 과거 20년 전과 비교하면 더욱 수평화, 개인화, 합리화되고 있다.[26] 단지 밀레니얼세대라는 한 세대에 국한된 이야기가 아니다. 한국사회 세대 전반에 걸쳐 변화가 일고 있다. 이제 인사(HR) 분야 전반에 변화가 불가피하다. 채용, 교육, 승진 배치, 평가, 보상에 이르기까지 메스를 들이대야 한다. 특히 조직은 밀레니얼세대가 활약하기 좋은 환경을 조성해야 한다. 직장이 직원에게 주는 최고의 선물은 함께 즐겁게 일하며 서로 성장하도록 돕는 좋은 동료다. 실제 밀레니얼세대는 좋아하고 신뢰할 수 있는 사람과 함께 일하기를 원한다.

지인이 잘 아는 D교육컨설팅기관에 관해 올린 페이스북 글이 기억난다. 이 회사는 "능력이 부족하다는 이유로 해고하지 않는다"라는 경영원칙이 있다고 한다. 단, 학습을 게을리하는 자, 팀워크를 깨뜨리는 자, 부도덕한 자는 해고한다는 것이었다. 필자는 이 글에 매우 공감한다. 이런 생각을 해볼 수 있다. 학습능력, 팀워크 역량, 윤리의식을 갖춘 지원자를 어떻게 채용할 것인가? 현재 채용절차로는 그런 직원을 선별해 내기가 쉽지 않다. 만약 채용을 통해 이런 역량을 갖춘 직원을 제대로 뽑을 수만 있다면, 교육에 대한 투자를 십 분의 일로 줄여도 괜찮을지도 모른다. 직원을 잘 교육하는 것보다 직원을 잘 채용하는 것이 매우 중요하다. 교육을 통해 직원을 육성하는 데는 한계가 있다. 대신 학습 의지와 자기개발 역량을 갖춘 직원을 뽑는 데 9 할의 노력을 기울이는 편이 현명하다.

〈포춘〉지가 선정하는 세계에서 가장 존경받는 기업에 10년 연속으로 선정된 기업이 있다. 바로 애플이다. 〈포춘〉지는 기업 임원 분석가, 경제 전문가 3,800명의 의견을 반영해 미국 매출 1,000위, 매출 100억 달러 이상의 500대 글로벌 기업 중에서 이를 선정한다고 한다. 애플이 선정된 데는 다 그럴 만한 이유가 있다. 특히 애플의 채용과 인재관리 철학은 꼭 참고할 만하다. 《사람을 남겨라》에서 연세대 정동일 교수는 애플의 채용 철학을 다섯 가지로 정리했다.

제1 원칙은 "최고의 인재를 뽑는다"는 것이다. B급 인재를 뽑기 시작하면 조직은 금세 C급 인재로 가득 차게 된다. 비싼 생선에 가격 대신 시가(Market Price)라고 쓰인 것처럼 정말 필요한 역량을 갖춘 인재라면 연봉에 상관없이 팀장과 매니저 재량으로 기꺼이 뽑는다.

제2 원칙은 "연봉과 복지가 아니라 목적의식을 강조한다"는 것이다. 애플 홈페이지에는 "우리는 당신에게 세상을 바꿀 수 있는 권한을 드리겠습니다"라고 쓰여 있다. 목적의식은 직원에게 일이 생계수단이 아니라 사명이 되게 한다.

제3 원칙은 "CEO가 적극적으로 참여한다"는 것이다. 꼭 필요한 인재 채용에는 CEO가 직접 나선다. 채용담당자를 비롯한 애플 직원은 다른 회사 매장에서 최고의 서비스와 주인의식을 갖춘 직원을 발견하면 조그만 카드를 내민다. 그 카드 앞면에는 "당신은 최고입니다. 우리 이야기 좀 합시다(You are amazing, We should talk)"라고 적혀

You're amazing. We should talk.

Your customer service just now was exceptional. I work for the Apple Store, and you're exactly the kind of person we'd like to talk to. If you're happy where you are, I'd never ask you to leave. But if you're thinking about a charge, give me a call. This could be the start of something great.

Contact me or go to: apple.com/jobs

있다. 또 뒷면에는 "당신의 고객서비스는 최상입니다. 내가 일하는 애플스토어에는 당신 같은 사람이 필요합니다. 지금의 직장이 만족스럽다면 그만두라는 말은 하지 않겠습니다. 하지만 이직을 생각한다면 전화 주십시오. 당신이 미래에 위대한 일을 하는 데 전화 한 통이 중요한 출발점이 될지도 모릅니다"라고 적혀 있다.

제4 원칙은 "평가는 S와 A등급으로만 나눈다"는 것이다. 그들은 B나 C등급은 필요로 하지 않는다. 보상도 S 등급 위주다. 보너스의 60%가 20%인 S등급에게 돌아간다.

제5 원칙은 '작고 똑똑한 그룹'으로 요약할 수 있다. 애플은 핵심인재 풀인 '톱100'이라는 독특한 인재관리 방식을 사용한다. 잡스는 살아생전 "나에게는 애플이라는 껍데기가 아니라 이 핵심인재 100명이 더 중요하다. 이들만 있으면 애플 같은 회사를 10개라도 만들 수 있다"라고 말했다. 이들에게는 1년에 한 번씩 3일간의 전략회의에 참석하고, 개발 중인 시제품을 가장 먼저 보는 특권이 주어진다.

채용 권한을 직원에게 맡겨보라

좋은 회사의 공통점 중 하나는 직원들이 직접 채용과정에 참여하여 함께 일할 사람을 뽑는다는 것이다. 미국에서 매년 소비되는 토마토의 약 3분의 1을 취급하는 세계적인 토마토 가공회사인 모닝스타 컴퍼니(Morning Star Company)는 관리자 없이 직원들이 자율적으로 운영하는 회사다. CEO 크리스 루퍼는 지시를 하지 않는다. 직원 스스로 사명선언문을 작성해 회사에 어떻게 기여할지를 밝힌다. 회사의 모든 자원을 자유롭게 활용하고 어떻게 사용할지 설명하면 된다. 그리고 회사에서 연중 진행상황을 알 수 있도록 연 2회 징검다리라는 뜻의 '스테핑스톤(Stepping Stone)'을 진행한다. 회사에서도 모든 직원이 볼 수 있도록 상세한 재무 보고서를 한 달에 두 번 발표한다. 신입직원을 뽑을 때도 별도로 관리자가 없기 때문에 업무가 많고 인력 공백이 생기면 자유롭게 의사결정을 해서 채용한다. 단지 업무상으로 연관 있는 동료와 상의하고 생산성만 입증하면 된다. 이렇게 직원의 주인의식, 동료애, 전문성을 높이는 자율성에 기반을 둔 경영으로 40년된 모닝스타는 업계 평균보다 10배나 빠르게 성장했다.[27]

직원을 밖에서 찾지 마라

글로벌 시장에서 외국인을 채용하는 것처럼 특별한 경우가 아닌 이상 최고의 채용방법은 바로 '내부직원'을 활용하는 것이다. 채용 관련 업무는 대개 인사부서에서 챙긴다. 아니면 각 부서에서 인력 채용이슈가 생길 때 부서장이 채용에 대한 의사결정 권한을 가진다. 문제는 부서장이 인터뷰까지 채용의 전 과정을 다 챙긴다는 점이다. 그러다 보니 부서장의 능력과 성향에 따라 채용의 질이 좌우되기 십상이다. 부서장이 바쁘거나 우수한 직원을 보는 눈이 부족하면 리스크는 더 커진다. 직원을 채용할 때는 인터뷰는 물론 채용 전 과정에 부서 구성원을 참여시키는 것이 효과적이다. 특히 채용 인터뷰에 부서 구성원이 참여하면 얻을 수 있는 장점이 많다. 함께 일할 직원은 구성원들이 더 잘 알아보기 때문에 적합한 인재를 채용할 수 있다. 또 부서장이 겪는 채용의 어려움을 공감할 수도 있다. 채용된 직원이 조기 정착하는 데도 좋은 영향을 준다.

인재 채용을 위해 추천하고 싶은 방법은 고성과자라고 불리는 일 잘하는 직원을 활용하는 것이다. 고성과자는 최고의 헤드헌터다. 고성과자는 업무품질에 기대치가 높기 때문에 가장 정확하고 까다로운 눈으로 레이더를 작동시킨다. 예컨대 채용면접에 고성과자를 배석시키는 것은 좋은 아이디어이다. 일 잘하는 사람이 일 잘하는 사람을 알아보는 법이다. 부서장은 조직의 가치와 요구되는 역량 등 최소한의 채용 가이드라인만 제공하면 된다. 구글 인사책임자 라즐로 복이 쓴 《구글의 아침은 자유가 시작된다》에 등장하는 구글의 채용 기준은 그 좋은 예다.

"채용에 오랜 시간을 들여라."
"자기보다 더 나은 사람을 채용하라."

직원에게 리더의 꿈을 심어라

독일에 본사를 둔 세계 최대 종합화학회사 바스프(BASF)는 멘토링 프로그램[28]을 통해 직원의 조직적응과 경력관리를 지원하고, 기업 인수 등을 통해 새로 들어온 구성원의 문화 및 업무적응을 돕는다. 특히 이 프로그램은 참신한 아이디어를 지닌 밀레니얼세대가 베이비붐세대의 지식을 얻고 성장 비전을 제시하도록 돕는다. 단지 업무뿐 아니라 인생 전반을 코칭하며 멘티가 주도하는 것도 특징적이다. 멘티가 자신이 원하는 멘토의 조건을 지정하면 회사는 그에 맞는 멘토를 제공한다. 이로써 도전정신이 강한 밀레니얼세대는 주도적으로 본인이 얻고자 하는 지식과 정보를 얻어 경력관리를 하게 된다. 주로 6개월 정도 긴급하고 중요한 과제목표 달성을 위해 운영된다. 멘티는 한 달에 한두 시간 멘토를 만나 필요한 지식과 정보를 얻는다. 이 프로그램의 홍보를 위해 일부 직원을 멘토링 챔피언으로 지정하여 사내에 전파한다. 또한, 주기적으로 멘토링 설명회 및 교육을 실시한다.

관리자는 자기개발 욕구가 강한 밀레니얼세대의 직무 전문성과 커리어 개발을 도와야 한다. 그들이 전문성 있는 선배 직원들에게서 지식과 기술을 얻도록 좋은 멘토가 되어주는 것은 매우 중요하다. 선배 직원은 함께 고민하면서 성장 비전을 그리도록 도와야 한다. 업무뿐 아니라 조직에서 리더의 꿈을 펼치며 경력경로를 설계하도록 지원해야 한다.

기업도 이러한 지원의 필요성은 인식하고 있으나 실질적인 노력은 미흡하다. 이는 필자가 A사의 일하는 방식 컨설팅 프로젝트를 수행하면서 실시한 설문조사 결과에서도 확인할 수 있었다. A사는 '경력개발계획(CDP)을 고려한 부서이동' '직무 이동 시 개인 의사 고려' 항목의 점수가 낮게 나타났는데 다른 기업들도 비슷한 결과를 보였다. 이는 직원의 경력과 성장을 돕는 환경이 미흡함을 보여준다. 특히 밀레니얼세대는 개인의 역량개발과 성장에 대한 갈증이 크다. 이들을 돕는 체계적이고 장기적인 제도 마련이 절실하다.

요즘 것들에 맞춰 교육을 수술하라

미국교육훈련협회(ATD)의 조사에 따르면 2011년 미국 기업이 학습 프로그램에 지출한 돈은 무려 1,562억 달러(한화 178조원)에 이른다. [29] 이는 당시 우리나라 국가예산(309조 원)의 60%에 육박하는 어마어마한 액수다. 정확한 통계가 있진 않지만 우리나라의 교육비 규모는 대략 1~2조원 정도로 추정된다. 미국의 국가예산이 우리의 10배 정도 되는 점을 고려하면, 적어도 100배 이상이라는 교육비의 차이는 상식을 훨씬 뛰어넘는다. 교육 분야에서 밀레니얼세대에 대한 관심 또한 미국과 큰 차이를 보인다. 매년 미국에서 열리는 세계 최대의 인적자원 콘퍼런스에서는 10년 넘게 밀레니얼세대 관련 섹션이 빠지지 않고 열린다. 우리는 안타까울 정도로 무관심하다. 우리나라에서도 밀레니얼세대에 맞춘 인재육성 전략의 변화가 필요하다. 이 분야에 몸담은 한 사람으로서 인재육성과 관련해 당면 과제를 몇 가지 제시해본다.

1. 조직의 인재 육성 비전과 전략을 구성원의 성장 비전과 연계한다.

조직의 성과와 구성원의 성장을 함께 도모할 실질적이고 구체적인 인재 육성방향을 설정해야 한다. 선언적이고 그럴싸한 문구로 도배된 인재 육성전략을 지양하고, 심플하고 현실적으로 바꿔야 한다. 특히 밀레니얼세대의 자기개발과 성장에 대한 바람(Wants)을 반영하면서 기업의 성과(Results)를 내는 실질적인 교육 니즈를 발굴해야 한다.

2. 세대별 생애주기에 맞춰 교육체계를 재정비한다.

세대별로 구분해서 교육 니즈를 분석하여 교육의 목적을 명확히 하고, 직급별로 각 세대 학습자의 특성을 고려하여 교육내용과 방법을 차별화해야 한다. 운영방식에서도 세대별 특징에 맞춘 차별화 전략에 따라 접근해야 한다.

3. 가치관 교육을 조직 로열티를 높이는 기회로 활용한다.

이유를 중요시하는 밀레니얼세대는 회사의 비전 체계에 관심이 많다. 밀레니얼세대가 좋은 회사에서 가치 있는 일을 하고 있다고 생각할 수 있도록 가치관 교육을 활용해야 한다.

4. 요즘 것들에 맞는 리더십 파이프라인을 재설계한다.

밀레니얼세대의 빠른 조직 적응과 전력화를 돕고 차세대 리더로 육성하기 위한 주니어급 리더십 프로그램에 특히 관심을 집중해야 한다. 기성세대를 대상으로 한 리더십 프로그램에는 밀레니얼세대를 이해하고 세대

간 화합과 시너지를 도모할 교육내용을 꼭 포함해야 한다.

5. 트렌드에 매몰되지 않고 긴 호흡으로 꼭 필요한 교육내용에 집중한다.

뻔한 교육내용의 절대량을 줄이고, 성찰과 통찰의 기회로 삼도록 사업성과와 연계되는 본질적이고 핵심적인 콘텐츠에 집중해야 한다. 이를 위해 많은 시간과 자원을 투입해 실질적인 교육수요 파악에 심혈을 기울여야 한다.

6. 요즘 것들을 위한 맞춤형 교육방법으로 혁신하고 그들의 아이디어를 활용한다.

재미와 의미를 동시에 추구하는 밀레니얼세대 학습자들의 특성에 맞춰 교육방법을 다양화해야 한다. 게임과 교육을 결합한 게이미피케이션(Gamification), 협동학습, 개인맞춤, 거꾸로 학습(Flipped Learning), 모바일 러닝 등의 방법을 다양하게 활용하여 밀레니얼세대에 맞춤화해야 한다

7. 요즘 것들의 협업 능력과 창의력을 활용하여 경영 아이디어를 발굴한다.

교육을 통해 밀레니얼세대가 자유롭게 아이디어를 내도록 하고 이를 회사경영과 사업에 소중한 정보로 활용해야 한다.

8. 요즘 것들의 커리어 관리 및 개인 브랜딩을 돕는다.

교육만큼 좋은 복지와 보상은 없다. 밀레니얼세대 혁신가가 이탈하지 않도록 경력관리를 도와야 한다. 밀레니얼세대의 경력개발을 돕기 위해 직

무 이동, 경력개발계획 등 인사제도의 유연화가 필요하다. 기성세대의 노하우를 밀레니얼세대에게 전수할 시스템도 필수적이다.

9. 요즘 것들의 자기개발을 돕는 학습 분위기를 조성한다.

자기개발과 학습의 욕구가 강한 밀레니얼세대의 특성을 반영하여 관리자는 자유로운 학습 분위기를 조성하기 위해 힘써야 한다.

10. 제대로 못 할 바에야 직원교육을 최소화하는 것도 방법이다.

어설픈 교육으로 교육에 대한 불신만 높이는 경우가 의외로 많다. 교육에 대한 부정적인 인식을 높이는 일방적이고 형식적인 교육은 차라리 하지 않는 것도 방법이다.

레시피4 베짱이를 격려하라

《이솝우화》와 《라퐁텐우화》에 등장하는 〈개미와 베짱이(원전에서는 매미와 개미)〉 이야기는 21세기에 들어서면서 내용이 달라졌다. 성실의 아이콘이었던 개미는 살 만해졌지만 얼마 되지 않아 몸져누워 번 돈을 병원비로 다 날려버린다. 반면 자신의 장기인 노래실력을 갈고닦은 베짱이는 멋진 성악가로 성공한다. 요즘 같은 세상에 개미처럼 일하면 금방 지치고 능률도 오르지 않는다. 베짱이처럼 자신의 핵심역량에 집중하면서 효율적으로 일해야 한다. 놀 땐 놀고 일할 땐 일할 줄 알아야 한다는 말이다. 좀 더 먼 시야로 스마트하게 일하는 것이 당장의 일에 전전긍긍하는 것보다 낫다.

　밀레니얼세대가 보기에 기성세대가 만들어놓은 업무 환경은 불편하고 비효율적이다. 관리자는 비효율적인 업무환경을 개선하기 위해 노력해야 한다. 염두에 둘 점은 업무환경을 일하기 좋게 개선하고 일하는 방식을 혁신하려면 밀레니얼세대의 적극적인 참여를 유도해야 한다는 것이다. 고정관념으로 굳게 잠긴 기성세대의 문을 열 마스터키를 바로 밀레니얼세대가 쥐고 있다. 밀레니얼세대가 던지는 아이디어들은 업무문화 혁신에 실질적 도움이 된다. 과거처럼 성실하게 일할 것만 요구하면 안 된다. 업무효율을 저해하는 금지조항과 규정은 최소화하고, 자율성과 유연성을 통해 직원에게 동기를 부여해야 한다. 또한, 밀레니얼세대의 최신 기술 활용을 장려하여 업무 효율화를 도와야 한다. 나아가 일하는 방식의 혁신을 위한 조직활동 전반에 밀레니얼세대를 참여시키고 자문을 구해야 한다.

금지조항과 규정을 다이어트하라

변화관리, 조직문화, 일하는 방식 등 전사 차원에서 진행한 다수의 프로젝트 경험에서 필자가 발견한 핵심 성공요인이 몇 가지 있다. 대개 전 직원이 참여하는 활동을 전개할 때면 공통으로 가용 자원과 인력을 총동원한다. 화려한 미사여구로 가득한 선언적인 약속, 그럴 듯한 제도와 규칙을 만들어낸다. 막상 활동이 끝나면 구성원들에게 내재화되기보다는 혁신의 피로도만 느는 경우가 대부분이다. 후속으로 이어지는 활동은 내성이 생긴 탓에 더 센 뭔가를 처방하려고 한다. 컨설팅을 의뢰해오는 많은 기업이 대부분 이런 패턴을 보인다. 필자는 그때마다 딜레마에 빠진다. 고객의 요구에 맞춰야 할지, 나름 소신껏 소명의식을 발휘해야 할지 말이다.

마치 민간부문의 경제활동이 각종 규제에 발이 묶인 것처럼 기업의 각종 혁신 활동도 과도한 금지 조항과 규정 등 형식에 갇혀 있다. 이러한 문제의식을 품고 있던 필자에게 최근 일하는 방식 개선 프로젝트 수행 중에 접한 모 통신사의 사례는 신선했다. 이 회사는 일하는 방식과 관련된 대부분의 규정과 활동을 최소화하고 자율성을 더욱 강화했다. 혁신의 발목을 붙드는 것은 창의적 아이디어의 부족이라기보다는 과도한 금지조항과 규정 때문이다.

잡담을 허하노라

밀레니얼세대에게 잡담하는 시간을 허락해야 한다. 캐나다 청년 크리스 베일리는《그들이 어떻게 해내는지 나는 안다》에서 일터와 일상에서 생산성을 높이는 방법의 하나로 '방랑하는 시간 갖기'라는 것을 제안했다. 연구에 따르면 인간의 뇌는 온종일 두 가지 모드 사이를 번갈아가며 작동한다고 한다. 속칭 멍 때리기나 샤워하기, 산책하기와 같이 상념에 잠기는 방랑(Wandering)모드와 업무를 할 때처럼 특정한 것에 집중하는 중앙집행(Central Executive)모드가 그것이다. 누구나 샤워를 하거나 명상을 하거나 불을 끄고 잠을 청하다가 문득 바로 이거다 싶은 아이디어가 떠오른 경험을 해봤을 것이다. 생각이 자유롭게 방랑하는 시간을 가지다 보면 어느 순간 갑자기 안 풀리던 문제의 실마리를 찾게 되거나 창의력도 높아진다.

"나에게 나무를 벨 시간이 6시간 주어진다면 4시간은 도끼날을 갈겠다."
- 에이브러햄 링컨

온종일 중앙집행모드로 일만 하게 하는 것은 재미를 추구하는 밀레니얼세대에겐 비효율적이다. 관리자는 그들이 방랑모드로 전환하도록 종종 스위치를 눌러줄 필요가 있다. 직원끼리 수다를 떨거나 딴짓하는 것에 의도적으로 무관심할 필요가 있다. 직원들에게 자율성을 부여해야 한다는 말이다. 관리자는 그런 사소한 것에 시간을 뺏기지 말고 더 핵심적인 일에 집중해야 한다.

일과 중 인터넷을 하더라도 모른 체하라

밀레니얼세대는 개인적이어서 소통에 능하지 않다고 생각할지 모른다. 그렇지만 그들은 독립적이며 연결고리를 중시한다. 빠르고 효율적인 소통에 익숙하다. 설령 혼자 밥을 먹을지는 모르지만 그 메뉴를 선택하기에 앞서 많은 연결고리를 작동시키며 활발하게 소통했을 확률이 높다. 그들은 온라인을 통한 네트워크에 능하다. X세대가 개인적이었던 것과는 결을 달리한다. 이런 특징에 맞춰 기성세대는 온라인을 통한 커뮤니케이션에 익숙해져야 하는 것은 물론 피드백도 빨라야 한다. 이메일 피드백을 하더라도 구체적인 내용을 길게 답하기 어렵다면 우선 짧은 메시지로 빨리 답을 주는 것이 좋은 방법이다.

밀레니얼세대는 누차 얘기했지만 컴퓨터에 익숙하다. 늘 연결된 상태라고 이해하면 된다. 그들이 일과 중에 가끔씩 인터넷을 하는 모습을 볼 때 필자의 경험으로는 업무 중인 경우가 대부분이다. 일부는 쇼핑을 하거나 메신저를 할 수도 있다. 이렇게 그들이 일과 중 딴짓하는 장면을 목격하더라도 모른 체하라. 종일 자신의 업무를 팽개치고 그것만 할 세대가 아니다.

관리자 없이도 조직은 잘 굴러간다

만약 회사의 최고경영자가 1개월 동안 자리를 비운다면 어떨까? 실제로 이를 현실에서 적용했다고 하자. 끄떡없고 오히려 잘 돌아가는 조직도 있고, 하루가 지나기가 무섭게 빈자리가 느껴지는 조직도 있을 것이다. 실천해보기는 쉽지 않겠지만 조직의 모습을 제대로 진단해볼 기회가 될 것은 분명하다. 과연 어떤 조직이 더 건강할까? 두말할 필요 없이 당연히 전자일 것이다. 그만큼 별다른 리스크 없이 시스템으로 잘 운영되는 조직이라는 뜻이기 때문이다. 많은 경영자가 이렇게 본인이 없어도 잘 굴러가는 조직을 꿈꿀 것이다. 하지만 현실은 어떨까? 결코 말처럼 쉽지 않다. 하루만 자리를 비워도 회사일로 좌불안석이 되고 온갖 생각이 다 든다.

한번은 몸이 좋지 않아 양해를 구하고 입사한 지 8년여 만에 40일간 휴가를 간 적이 있다. 당시 가장 바쁜 팀의 팀장이었던지라 휴가를 떠나는 순간까지 걱정을 놓을 수가 없었지만, 어찌 되었든 휴가를 떠나 인생후반전을 준비하는 시간으로 유익하게 보냈다. 그러고 나서 회사에 복귀한 첫날을 아직도 생생하게 기억한다.

팀원들과 티타임을 가지면서 그간의 상황을 전해 들었다. 팀은 팀장의 공백이 무색할 정도로 정말 잘 굴러가고 있었다. 팀은 분위기만 좀 바뀌었을 뿐 서운한 마음마저 들 만큼 문제없이 잘 돌아갔다. 팀장 대행을 맡겼던 선임책임에게는 마음이 더 쓰였는데, 그녀의 고생담을 들었을 때 안쓰럽고 고마웠다. 누구나 인정할 만큼 일 잘하는 그녀답게 자신의 컬러로 팀을 야무지게 이끌었다. 새로운 도전을 잘 감당한 것이다. 그녀에게는 업무능력 외에 팀을 이끄는 리더십역량을 강화할 좋은 기회였을 것이다. 팀장으로서는 더없이 훌륭한 후계자 양성의 기회였다. 지금 그녀는 옮긴 회사에서 리더 역할을 잘 수행하고 있다. 필자에게 40일간의 휴가는 에너지를 재충전하는 시간이었기에 의미가 컸다. 무엇보다도 "내가 없이 팀이 잘 돌아가겠어?"라고 생각하던 그릇된 '영웅심리(Hero Syndrome)'를 깊게 성찰한 소중한 경험이었다.

비슷한 시기에 같은 팀에서 공기업 핵심가치 내재화 프로그램 관련 대형 제안서를 준비할 때의 일이다. 납기에 쫓겨 불가피하게 토요일까지 제안서 업무를 해야 했다. 필자는 오후에 중요한 약속이 있어서 팀원들과 오전에 아이디어 미팅까지만 하고 나가 봐야 했다. 팀원들은 오후 늦게까지 함께 프레젠테이션 자료를 만들었다. 계속 같이하지 못해 마음이 놓이지 않고 불안하기도 했는데 이내 기우였음을 깨달았다. 필자의 기억에 길이 남을 제안서 발표용 자료의 역작이 만들어진 것이다. 일을 마치고 늦게 결과물을 확인하고 기대 이상의 결과물에 깜짝 놀랐던 기억이 선하다. 팀원들의 통통 튀는 아이디어와 감수성 충만한 프레젠테이션 자료는 결과 발표 전에도 수주를 확신할 정도였다. 직접 제안 발표를 했던 사장님도 입에 침이 마르도록 칭찬을 거듭했다. 우리는 결국 2등과 많은 기술점수 차로 프로젝트를 수주했다. 게다가 이후 프로젝트를 수행하는 내내 고객사에서 제안 자료를 계속 칭찬하는데 정말 성취감이 하늘을 찔렀다. 그때 작업을 한 팀원들이 바로 밀레니얼세대였다.

최신 기술의 활용을 장려하라

본인 자리에서 일하던 허 실장의 사내 인트라넷 메신저에 깜빡깜빡 메시지 도착 알림이 뜬다. "실장님, 제안서 보냈어요. 피드백 주세요." 팀원인 김 연구원이 보낸 것이다. 김 연구원은 허 실장 바로 옆에 앉아 있다. 기성세대 직장인이라면 열에 아홉은 이런 상황을 이렇게 받아들일 것이다. "아니, 바로 옆에 있으면 직접 와서 얘기하면 되지 이걸 메시지로 보내나?"

밀레니얼세대는 이렇게 생각한다. "(실장님이 지금 바빠 보이는걸. 지금 보고받을 수 있을지 확실치 않으니) 제안서 파일은 방금 메일로 보냈으니 시간이 될 때 보는 게 더 효과적이겠지? 일단 메시지 먼저 보내자!"

혼자가 편한 최신 기술 숙련자인 밀레니얼세대는 온라인을 통한 업무 커뮤니케이션에 익숙하다. 면대 면보다 이메일 보고가 편해서 이를 선호한다. 기성세대보다 최신 기술 활용에 능하기 때문에 자신의 최신 기기와 풍부한 IT정보를 활용해 귀찮은 업무는 줄이고 시간을 효율적으로 활용한다.

밀레니얼세대는 근무환경을 개인화할 방법을 찾고 있다. 그래서 개인의 스마트 기기를 회사로 가져와 업무에 활용한다. 사무 공간을 예쁘게 꾸미고, 보고서도 나름 공들여 특별하게 디자인하는 것도 이런 성향 때문이다. 이런 밀레니얼세대의 모습을 베이비붐세대는 이해하지 못한다.

클라우드 인프라 및 비즈니스 모빌리티 전문 기업인 브이엠(VM)웨어 코리아가 국내 직장인 500명을 대상으로 업무 환경을 조사한 적이 있다. 결과에 따르면 응답자 중 87%가 개인 모바일 기기를 직장에 가져와 업무에 활용하는 일명 BYOD(Bring Your Own Device)를 하는 것으로 드러났다. 평균 2.4개의 기기와 5.4개 업무용 앱을 사용하며, 모바일 기기를 통해 이메일과 메시지 체크, 업무 파일 작업, 금융 거래 등을 처리한다. 회사에서 쓰는 데스크톱 외에 자신의 노트북이나 스마트폰, 태블릿 PC 등을 업무에 적극적으로 활용한다.

이런 BYOD는 밀레니얼세대가 주도하는 정말 하루가 다르게 진화하는 트렌드다. 밀레니얼세대는 에버노트나 원노트 같은 필기 앱을 동기화하여 어디서든 문서를 열고 편집한다. 또 구글 독스나 N 드라이브 같은 클라우드를 활용해 대용량 파일을 저장하고 어디서든 수정하고 또 공유한다. 밀레니얼세대는 이렇게 업무에 자신의 최신 기술을 최대한 적용하는 트렌드를 선도하며, 직장에서 의사소통하고 협업하는 방식을 새롭게 정의하고 있다. 밀레니얼세대의 최신 기술 활용을 단순히 그들만의 업무방식 정도로 생각하면 오산이다. BYOD와 같은 효율성 높은 업무방식은 조직에서 성과를 극대화하는 데 필수적인 수단으로 금방 자리 잡을 것이기 때문이다. 밀레니얼세대에게 최신 기술의 활용을 권장하는 것은 단순한 배려 차원이 아니라 조직의 성과를 높이는 방법으로서 장려해야 한다.

요즘 것들의 참여가 모든 것을 좌우한다

A기업에서 교육프로그램 개발 컨설팅 의뢰가 들어와 직원들을 인터뷰한 적이 있다. 이 회사는 최근 합병 후 통합 이슈로 고민이 많았다. 서로 다른 문화를 극복하고 구성원들이 화학적으로 결합하는 것이 목적이었다. 먼저 팀장을 대상으로 한 교육을 계획했다. 교육 외에도 회사는 '사랑'과 '소통'을 테마로 하여 전사적 혁신활동을 전개하고 있었다. 필자는 뒤늦게 프로젝트에 참여한 직원에게서 몇 장의 사진을 확인하고 깜짝 놀랐다. 혁신활동의 일환으로 회사 곳곳에서 다양한 홍보활동이 진행 중이었는데 직원이 화장실에서 찍은 사진이라며 보여준 것이다. 소통을 독려하기 위해 사진에 만화 컷을 활용했는데 문제는 말풍선에 들어간 말들이었다. 그 문구들은 누가 봐도 기성세대가 기획했음을 짐작할 수 있었다. 쉽게 말해 기성세대의 관점에서 젊은 밀레니얼세대 구성원들에게 소통을 잘하라는 메시지를 툭 던지는 식이었다.

이런 사례는 다른 회사에서도 빈번하게 나타난다. 많은 회사에서 일어나는 전사적 차원의 각종 혁신활동은 이렇듯 밀레니얼세대의 입장을 간과한다. 이는 많은 기업의 혁신활동이 소기의 목적을 달성하지 못하고 형식적인 이벤트로 그치는 본질적인 이유 중 하나다. 예를 들어 기성세대를 모아놓고 소통을 위해 브레인스토밍을 하면 예외 없이 등산, 회식, 운동 동아리 등의 아이디어가 빠지지 않고 등장한다. 이 아이디어들은 밀레니얼세대들이 싫어하는 대표적인 것들이다. 밀레니얼세대가 혁신활동에 참여해야 하는 이유가 여기에 있다. 밀레니얼세대의 의견을 참고하는 수준에 그치면 안 된다. 그들을 사내 자문으로 참여시키고 혁신활동을 주도하도록 맡겨야 한다.

레시피5 일의 의미를 깨닫게 하라

힘들게 일하고 퇴근하는 길에 문득 "나는 왜 회사에 다니는가?"라는 질문을 스스로에게 던지고는, 무엇인지 모를 공허함과 함께 상념에 잠긴 적이 누구나 한 번쯤은 있을 것이다. 나는 무엇을 위해 그리고 왜 일하는 것일까? 돈 때문이라고 하기에는 뭔가 꺼림칙하다. 왠지 그게 전부는 아닌 것 같다. 밀레니얼세대 직장인은 기성세대보다 이런 질문을 더 자주 한다. 눈 높은 의미 추구자인 밀레니얼세대는 일 자체에 대한 내재적 동기가 커서 일을 할 때도 정말 열심히 하지만, 일에 명확한 의미를 부여하지 않으면 바람 빠진 풍선처럼 에너지를 잃을 수 있다. 기업은 조직의 사명과 비전을 달성하기 위해 밀레니얼세대가 가진 능력이나 부여받은 과제, 변화적응력이 어떤 의미인지를 스스로 깨닫도록 도와야 한다. 조직의 사명과 비전에 기여하는 과정을 통해 일의 의미를 찾아가는 방법을 배우도록 해야 한다.

정치인이 표를 극대화하려고 하고 관료가 예산을 극대화하려고 하듯, 기업은 이윤을 극대화하려는 것이 이치다. 그러나 밀레니얼세대에게 돈 때문에 열심히 일하라고 얘기할 수는 없다. 그러면 안 된다. 그들은 그 이상의 더 가치 있는 무엇인가를 기대하고 찾기 때문이다. 리더는 밀레니얼세대를 위해 멋진 공통의 비전을 제시할 수 있어야 한다. 그들에게는 일하는 것에 대한 분명한 설득 논리가 있어야 한다. 또한, 그들은 직급이 낮더라도 모든 일이 어떻게 돌아가는지 알고 싶어 한다. 그러므로 이들에게 회사의 비전을 명확하게 인식시키고 자신의 비전과 회사의 비전을 연계하도록 도와야 한다. 이것은 리더의 매우 중요한 역할이자 의무다.

필자가 몸담은 조직에서 실제 있었던 이야기다. 임원을 대상으로 교육해달라고 어느 고객사의 요청을 받았는데 예상치 못하게 강의평가 점수가 낮게 나왔다. 이에 고객사에서는 물론 사내에서도 대책 마련에 절치부심했다. 필자의 회사 CEO에게도 그 상황이 전달되었다. 의사결정은 실무자 차원에서 고심하던 것이 무색할 정도로 단호하게 이루어졌다. 교육비를 받지 않기로 한 것이다. 고객사 CEO에게까지 그 사실이 전달되었다. 고객사에서는 극구 교육비를 주겠다고 했지만 정중하게 거절했다. 이처럼 신속하고 명확한 의사결정이 이뤄진 배경에는 회사가 지향하는 가치체계가 있었다. "고객에게 최고의 가치를 주기 위해 헌신한다"라는 가치에 비춰, 매출도 중요하지만 고객에게 교육비 이상의 가치를 주지 못하면 안 된다는 판단이 선행된 것이다.

밀레니얼세대에게 이러한 가치는 매우 중요하다. 의미 있는 일이라면 연봉이나 직위도 희생할 수 있다고 생각하는 세대이므로 조직의 비전 체계가 더욱 큰 힘을 발휘한다. 또 밀레니얼세대는 'N춘기'라고 불릴 만큼 성인이 되어서도 사춘기를 여러 번 겪기 때문에 밀레니얼세대 직원이 명확한 가치관을 갖도록 돕는 것은 매우 의미 있는 일이다. 실제 가치관이 명확한 직원이 그렇지 않은 직원보다 조직에 대한 헌신도가 높다는 연구결과도 있다.[30]

당근과 채찍은 말을 길들일 때나 써라

산업화 시대의 전유물이던 당근과 채찍은 이제 동물을 길들이는 데나 사용해야 한다. 당근과 채찍으로 밀레니얼세대 직원을 다스려서는 더 이상 그들을 움직이게 할 수 없다. 미래학자인 다니엘 핑크는 《드라이브》에서 지식사회에 맞는 새로운 동기부여 방법으로 모티베이션 3.0을 제시하고, 자율적으로 일하게 하고 성장하고 있다고 느끼도록 '내적 동기'를 불러일으켜야 한다고 강조한다. 아울러 그는 전통사회를 생존 욕구만 충족하면 되던 모티베이션 1.0의 시대로, 산업사회를 당근과 채찍으로 동기부여하는 모티베이션 2.0의 시대로 규정한다. 시대가 바뀐 지금 더 이상 칭찬과 질책은 통하지 않는다는 것이다.

그렇다면 어떻게 밀레니얼세대의 내적동기를 높일 수 있을까? 삼성경제연구소에서 발표한 네 가지 방법[31]을 살펴보자. 첫째, 열정을 이끌어내는 업무가치 부여다. 인간에게는 '옳은 일을 하려는 욕구' 가 있다. 업무가치가 자신의 업무방향과 일치하면 동기부여는 극대화된다. 둘째, 직원의 몰입을 유도하는 도전목표 부여와 긍정적 피드백이다. 몰입은 개인의 역량을 최고로 발휘하게 할 뿐 아니라 창의성의 핵심요인이기도 하다. 직원의 몰입을 유도하기 위해서는 직원 역량과 목표의 적합성, 긍정적 피드백이 필수적이다. 셋째, 과감한 제안과 실패를 용인하는 문화의 제공이다. 일반적으로 자신이 제안한 업무에는 흥미를 느끼고 기량을 최대한 발휘하는 것이 인간의 본성이다. 그러므로 직원들이 도전과제를 과감히 실행할 수 있도록 실패를 두려워하지 않고 수용하는 문화를 조성해야 한다. 넷째, 자율성을 최대한 부여하는 것이다. 어떤 업무를 할지, 그 업무를 언제, 어떻게 수행할지 직원의 자율성에 맡기면 내적 동기유발이 가능하다.

비전으로 가슴 설레게 하라

"회사에서 제일 중요한 것 세 가지는 무엇인가요?"

다국적 컨설팅 전문회사인 맥킨지에서 경영 진단을 의뢰받으면 고객사의 임원, 간부사원, 평사원 각 한 명에게 꼭 묻는 말이라고 한다. 세 명의 답변이 일치하면 구성원들의 생각이 한 방향으로 정렬된 것이니 건강한 조직이라고 본다. 일치하지 않으면 어려움을 겪고 있거나 앞으로 난관에 봉착하게 될 확률이 높다는 것이다. 명확한 가치관에는 직원을 움직이게 하는 힘이 있고, 실제 경영성과에도 영향을 미친다는 사실은 이미 증명되었다.

"일론 머스크는 '세상을 위해 내가 무엇을 해야 하지? 그런 의미에서 자동차 문제와 지구온난화 문제를 해결하고 우주 식민지를 개척해야겠어' 라고 내게 말했다."– 래리 페이지(구글 창업자, 알파벳 CEO)

테슬라 최고경영자 일론 머스크는 "전기차 시대를 열겠다" "우주 여행 시대를 열겠다"라는 명확한 비전을 제시했다. 그리고 하나씩 현실화하고 있다. 그는 테슬라 모터스와 스페이스X의 CEO, 솔라시티의 회장직을 지금도 훌륭히 수행하고 있다. 명확한 비전은 직원들에게 목적의식을 심어준다. 실제 명확한 목적 지향적인 기업의 직원들은 돈을 버는 것이 목적인 일반기업보다 회사의 성장과 미래에 대해 더 긍정적이다. 세계적 컨설팅 기업인 딜로이트 컨설팅에서 목적이 이끄는 기업에 대해 실시한 2014년 서베이[32]가 이를 증명한다. 서베이 결과를 살펴보자. 목적 지향적 회사의 직원 82%가 회사의 성장에 긍정적이었다. 반면 비교기업의 직원들은 48%만 회사의 성장을 긍정적으로 보았다. 그리고 목적 지향적 회사의 직원 83%가 회사의 미래에 낙관적인 반면, 비교기업의 직원은 42% 정도만 낙관적이었다. 또 목적 지향적 회사의 직원 79%가 자신의 회사는 장기적으로 경쟁력을 유지하리라 예측했다. 반면 비교기업의 직원 중에서 이에 대해 긍정적으로 답한 비율은 47%밖에 되지 않았다.

"당신 조직의 비전은 무엇인가?"

만약 이 질문에 3초 안에 답하지 못한다면 지금은 괜찮다고 할지 모르지만, 미래에 당신의 조직에 위기가 닥칠 확률이 높다. 팀 하스

목적이 이끄는 기업과 그렇지 않은 기업 직원의 차이

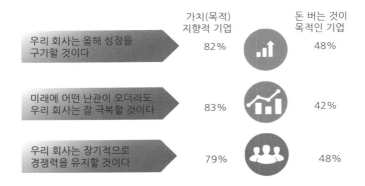

	가치(목적) 지향적 기업		돈 버는 것이 목적인 기업
우리 회사는 올해 성장을 구가할 것이다	82%		48%
미래에 어떤 난관이 오더라도 우리 회사는 잘 극복할 것이다	83%		42%
우리 회사는 장기적으로 경쟁력을 유지할 것이다	79%		48%

(Tim Haas)는 주차장 빌딩 분야를 특화하여 세계적 명성을 일군 미국 소재 건축설계회사다. 이 회사의 CEO 하형록은 20대 말의 젊은 나이에 미국의 유명회사 중역으로 고속승진을 거듭한 잘나가는 사람이었다. 그런데 갑작스럽게 찾아온 심장 이상으로 큰 수술을 받고 병상에 눕게 된다. 투병 중 읽은 성경에서 영감을 얻어 사업을 하기로 결심하고 집 창고에 사무실을 마련한다. 우여곡절은 있었지만 놀라운 성장을 거듭한 끝에 그는 주차빌딩 분야에서 세계 최고의 건축설계회사를 일궈낸다. 이 회사의 성공비결은 성경의 잠언 31장에 기반을 둔 회사의 비전에 숨어있다. 정말 이처럼 선명하고 구체적인 비전은 드물다. 미국의 많은 회사가 이 회사의 비전을 벤치마킹하고 있다. 흥미로운 것은 비전을 벤치마킹한 회사들이 그 덕분에 사업의 성공을 구가하고 있다는 점이다.

팀 하스의 미션과 핵심가치[33]

- 미션

  우리는 어려운 이웃을 돕기 위해 존재한다

  We exist to help those in need

- 핵심가치

  1 엑스트라 마일을 실천하라 – 고객, 거래처 그리고 동료들을 향해 한
  걸음 더 나아가라

  Go the extra mile for clients, vendors and co-workers

  2 보고를 잘하라 – 고객과 직원들에게 적절한 시기에 필요한 정보를
  제공하라

  Keep clients and staff informed

  3 반드시 당일에 리턴콜과 이메일을 하라 – 고객의 신뢰를 얻기 위해
  그들의 요구에 신속하게 조치하고 후속 조치를 행하라

  Return all calls & emails on the same days

이 회사의 비전 체계는 여느 회사의 미사여구로 도배된 선언적인
문구들과는 다르다. 이 회사의 비전은 구성원들에게 강하게 작동해
높은 성과와 건강한 조직문화로 이어졌다. 사이먼 사이넥이 얘기한
골든 서클의 왜(why)에 해당하는 조직의 비전은 엄청난 힘을 발휘한
다. 구성원의 마음을 움직이고 실질적인 행동의 변화를 가져오며 눈
에 띄는 성과로 나타난다. 의미를 중시하는 밀레니얼세대에게 특히
조직의 살아있는 비전은 가장 중요한 구심점으로 작동한다. 따라서

조직 차원의 비전은 물론이고 팀 차원에서 업무의 비전을 명확히 하는 것이 가장 중요하다. 구체적이고 가슴 뛰는 비전은 밀레니얼세대가 열정을 지니고 업무에 임하도록 하는 중요한 요소다.

부정적인 피드백에 예민한 밀레니얼세대 직원을 칭찬하거나 질책할 때는 가치에 따라 명확한 명분을 가지고 해야 한다. 꾸중하더라도 '직원의 행동'이 아니라 '회사의 가치'에 초점을 둬야 한다. 구체적으로 피드백을 해야 밀레니얼세대 직원들은 설득력 있게 받아들인다. 그래야 그들이 회사의 가치와 연계해 명확한 원칙 아래 업무를 수행할 수 있다.

잡일에도 의미가 있음을 알려줘라

필자가 팀장일 때 팀원이 이런 요구를 종종 했다. "팀장님, 저도 큰 프로젝트 좀 하고 싶어요." 주니어 입장에서는 큰 프로젝트를 경험하기가 쉽지 않다. 아무래도 난이도가 있는 큰 프로젝트는 보통 숙련도가 높은 팀원이 하게 되어 있다. 일을 배우고 싶은 팀원에게 큰 프로젝트는 일도 배우면서 좋은 프로젝트 경력도 쌓을 기회다. 사실 팀장은 프로젝트 멤버를 배정할 때 고민을 거듭한 후 의사결정을 한다. 고객사에 만족스러운 산출물을 제공하는 것은 기본이고, 팀 전체의 업무상황, 팀원 육성 등 다양한 요건을 고려하게 마련이다. 그러다 보면 주니어인 밀레니얼세대 직원에게 늘 좋은 기회가 갈 수는 없다.

그동안 필자는 큰 컨설팅 프로젝트를 수행할 때 밀레니얼세대 컨설턴트들이 자신도 하고 싶다고 의사 표현하는 경우를 많이 봐왔다.

반대로 자신에게 작은 프로젝트나 허드렛일이 많다고 느껴지는 상황일 때도 어떤 방법으로든 의사 표현을 했다. 그들에게 허드렛일에도 귀하게 의미를 부여하는 것은 팀장의 중요한 직원관리 스킬 중 하나다. 잡일을 맡기더라도 그 일의 가치에 대해 충분히 의미를 부여해야 한다. 사실 세상에 가치 없는 일은 없다. 그 일을 가치 없게 생각할 뿐이다.

필자가 다니는 교회의 원로목사님께서 이런 말씀을 하신 적이 있다. "세상의 어떤 직업이 파업을 하더라도 별 불편함은 없다. 하지만 청소부가 파업한다면 우리는 매우 힘들 것이고, 하루도 못 견딜 것이다." 세상에서 가장 귀한 직업 중 하나인 청소부가 우리나라에서는 유독 천하게 대접받는다. 어릴 적부터 잘못한 아이에게 벌로 청소 일을 시킨 어른들의 잘못이다.

끝 그림을 공유하라

기성세대 직원들이 느끼기에 밀레니얼세대 직원들은 직급이 낮은데도 팀, 본부, 회사 차원의 일까지 관심을 두곤 한다. 이것은 기성세대가 밀레니얼세대를 이해해야 하는 부분이다. 밀레니얼세대는 일을 통해 자신을 표현하고 싶어 하고 일이 흘러가는 전체 상황을 궁금해한다. 이런 밀레니얼세대를 지원해야 한다. 일의 전체 맥락을 알게 되면 일머리 있게 업무를 잘할 확률이 높다. 관리자는 밀레니얼세대에게 지엽적인 업무지시(Text)를 하기보다는 의도적으로 일의 전체 맥락(Context)과 끝 그림을 공유할 필요가 있다.

예를 들어 부서 회의를 통해 부서나 회사 전체의 상황을 수시로 전달하는 것이 좋다. 또한, 큰 프로젝트를 할 때는 의도적으로 참관인 자격으로 간접 체험할 기회를 제공하는 것도 좋은 방법이다. 아울러 회사나 관리자는 조직의 업무 기준과 가치를 명확히 하는 것이 바람직하다. 그래야만 직원에게 일의 맥락과 방향성에 대한 예측가능성(Predictability)이 생긴다. 그러면 리더의 의도와 성향에 맞게 일머리 있는 업무 처리가 가능해진다.

의미 있는 일을 모색하라

밀레니얼세대가 원하는 롤 모델은 기성세대와 좀 다르다. 2016년 8월 고 대디와 모라 컨설팅이 세계 11개국 7,291명의 직장인을 대상으로 설문조사[34]한 바에 따르면, 밀레니얼세대의 40%가 롤모델로 페이스북을 창업한 마크 저커버그를 꼽았다. 엄마와 아빠라고 답한 밀레니얼세대는 30%에 그쳤다. X세대의 39%, 베이비붐세대의 44%가 부모를 롤모델로 답한 것과 대비된다. 저커버그를 롤모델로 삼은 데는 여러 이유가 있겠지만 밀레니얼세대에게는 그중에서도 기부가 중요한 이유로 작용했다. 저커버그는 2015년 딸 출산 이후 자신이 보유한 페이스북 지분 99%를 기부하겠다고 선언한 바 있다.

밀레니얼세대가 직장을 선택할 때 기업의 사회적 책임(CSR: Corporate Social Responsibility)활동은 중요한 평가항목이다. 딜로이트 컨설팅의 조사에 따르면 실제 밀레니얼세대의 70%는 사회에 대한 공헌활동이 회사를 결정하는 데 영향을 주었다고 한다. 또 사회공헌활동에 참여할 기회가 있었던 밀레니얼세대 직원이 고용주에게 더 높은 충성심을 보였다고 한다. 이는 기업의 사회공헌활동이 일석이조의 효과를 거둘 수 있다는 주장의 근거가 된다. 실제로 밀레니얼세대 직원에게 의미 있게 일할 기회를 제공하는 회사가 점차 늘어나는 추세다.

기업은 사회공헌에 관한 비전을 설득력 있게 제시할 필요가 있다. 밀레니얼세대는 자신이 하는 일이 사회에 도움이 되길 희망한다. 신발을 판매하는 탐스는 신발을 한 켤레 팔 때마다 저소득 국가의 어린이들에게 신발 한 켤레를 기증하는 것으로 유명하다. 또 인도의 타타그룹은 2/3 이상의 지분을 가진 자선재단 '라탄 탄타 트러스트'를 통해 자선활동 등 사회참여활동을 하는 대표적인 회사다. 현 회장인 라탄 타타는 "부 축적의 부정함에서 해방되는 방법은 가지고 있는 부를 국민과 국가와 함께 나누는 것이다"라는 철학으로 회사를 경영한다. 정작 그는 방 3개짜리 아파트에서 비서도 없이 소형차를 타고 다니는 소박한 삶을 살고 있다고 한다.[35]

한편, 제너럴 일렉트릭(GE)은 '에코매지네이션(Ecomagination)'이라는 프로그램을 통해 구성원들이 의미 있는 사회활동에 참여하도록 한다. GE가 2015년 발표한 지속가능보고서에 따르면, 지난 3년간 전 세계에서 8,000명 이상의 직원이 지역사회 자원봉사활동에 참여했다. 이 활동으로 온실가스 배출량을 31% 감소시켰으며, 물 사용량을 42% 줄였다고 한다. 애초에 밀레니얼세대만을 위한 프로그램은 아니었지만 이 프로그램이 성공한 배경에는 밀레니얼세대의 관심과 열정이 있었다.

꾸준한 성장으로 업계에서 부러움을 사고 있는 C사는 젊은 회사답게 직원의 절반 이상이 밀레니얼세대이다. 김 사장은 최근 회사 차원에서 분기마다 한 번씩 토요일 반나절 동안 이웃사회를 돕기 위한 사회적 활동을 기획했다. 인근 관공서의 추천을 받아 한 단체에서 소년소녀 가장을 지원하는 자원봉사를 시작한 것이다. 처음에는 직원들의 참여가 제법 있었는데 4회째 접어들자 참여가 눈에 띄게 줄었다. 참여도를 높이기 위해 인사고과에 반영하겠다는 조치까지 취했다. 그래도 효과는 미미했고 오히려 이 행사에 대한 인식만 점차 부정적으로 변해갔다. 의미 있는 활동에 직원들이 적극적으로 참여하고 자부심도 가지리라 기대했던 김 사장은 도대체 이해가 가지 않았다.

무엇이 문제일까?

문제는 두 가지다. 하나는 요즘 것들이 목숨처럼 중요하게 생각하는 삶의 영역을 침범한 실수를 저지른 것이다. 일과 시간 이후는 삶의 영역에 해당하는 시간이다. 주말은 말할 것도 없다. 그들은 일과시간 이후나 주말에 이미 다른 일정을 잡았을 확률이 높다. 또 하나는 요즘 것들이 자율성을 중요하게 생각한다는 사실에 무지했다는 것이다. 아무리 의미 있는 활동도 스스로 하고 싶어서 자율적으로 하는 것이 아닌 이상 적극적인 참여의지가 생길 리 없다. 제아무리 좋은 활동도 인사고과에 반영하는 등 참여를 강제하면 바람직하지 않다. 그들에게서 의미 있는 활동에 대한 의견을 수렴하여 직접 선택하게 하고 일과 시간에 실시해야 한다. 그렇지 않으면 차라리 하지 않는 편이 낫다. 최소한 회사에 대한 부정적 인식이라도 생기지 않을 테니 말이다. 회사에 대한 자부심이 생기리라 기대했다면 언감생심이다.

레시피6 일로 혹사하지 마라

일과 삶의 균형에 대한 밀레니얼세대의 요구는 기성세대와는 크게 다르다. 미국 상공회의소에서 2015년 발표한 보고서에 따르면 밀레니얼세대의 75%가 직업을 선택할 때 일과 개인생활의 균형이 가능한지 살피는 것으로 나타났다. 우리나라도 마찬가지다. 공무원이나 공기업에 대한 직업선호도가 높은 것도 안정성과 함께 일과 삶의 균형에 대한 밀레니얼세대의 요구가 반영되었다고 볼 수 있다. 밀레니얼세대를 워라밸세대라고 부를 만하다.

현실주의자인 밀레니얼세대는 일만 열심히 하다 직장에서 밀려난 부모를 보고 자란 세대다. 그래서 자신은 그러지 말아야겠다고 생각한다. 밀레니얼세대는 일과 삶의 균형을 중요시한다. 일보다는 삶에 무게 중심을 둔다. 그들은 직장에서의 성공보다 인생 전반에서의 성공을 원한다. 만약 개인생활을 지나치게 희생한다고 생각하면 그들은 다른 대안을 찾을지도 모른다. 이런 특성을 지닌 밀레니얼세대에게 **예전처럼 일을 통한 삶의 희생을 강요하는 것은 폭행이나 다름없다.** 회사와 경영자는 일과 삶이 균형을 이루는 업무환경 조성에 앞장서야 한다. 이는 단지 밀레니얼세대를 위한 것이 아니라 조직 전반의 생산성 개선을 위해서도 필수적이다.

저녁까지 회사에 있게 하지 마라

"10시까지만 하면 되는데, 천천히 하지 뭐." 회사생활을 하면서 필자가 심심찮게 들은 얘기다. 많은 직장인이 서두르기만 하면 일과 중에 끝낼 수도 있는 일을 여유 있게 식사를 하고 저녁까지 한다. 마치 집단 최면에 걸린 좀비처럼 습관화된 야근 문화에 익숙해져 있다. 밀레니얼세대 직원들도 얼마 지나지 않아 이런 조직문화에 금방 젖어든다. 하지만 부모의 과잉보호 아래 자란 밀레니얼세대가 회사를 떠나는 이유는 적은 월급 때문이라기보다는 긴 근로시간 때문이다.[36] 이들이 직장에 만족하지 못하고 떠나는 일명 '파랑새증후군'의 주요 이유 중 하나로 야근문화를 꼽을 수 있다. 이 문제가 개선되지 않는 한 그들은 언제든 새 둥지를 찾아 떠날 것이다. 세상에는 이미 창의, 혁신, 협력의 가치로 변화를 요구하는 4차 산업혁명시대의 문이 활짝 열렸다. 하지만 우리는 아직 '성실'이라는 산업화시대의 가치관에 붙들려 있다. 많은 기업이 하나같이 창의형 인재를 인재상으로 내세우지만, 야근하는 성실한 직원이 일 잘하는 직원으로 평가받는 것이 현실이다.

우리나라는 1996년 10월 11일 일명 선진국 클럽으로 불리는 경제협력개발기구(OECD)의 29번째 회원국이 되었다. 이후 벌써 20년이 흘렀다. 누가 뭐라고 해도 우리나라는 선진국에 속하지만 그 위상에 걸맞지 않게 바꿔야 할 부끄러운 통계치가 많다. 그중 하나가 바로 '연간 평균 노동시간'이다. 2016년 OECD가 발표한 자료를 보면, 국내 취업자 1인당 평균 노동시간은 2,113시간으로 멕시코(2,246시간)

에 이어 34개국 중 2위다. 회원국 평균(1,766시간)보다 347시간이 길다. 근로 시간이 길기로 유명한 일본(1,719시간)과 비교해도 394시간이나 많은 수치다. 참고로 독일은 1,371시간이다. 한국인은 OECD 평균보다 2개월, 일본보다 2.2개월, 독일보다 4.2개월 더 일하는 셈이다. 더 큰 문제는 시간당 실질임금이 일본의 4분의 3, 독일의 절반 수준이라는 점이다. 일하는 시간이 많은 것을 꼭 부정적으로 볼 필요는 없지만 생산성을 떨어뜨리는 관행과 문화는 꼭 바뀌어야 한다. 무엇보다 눈치 보면서 야근을 당연시하는 문화는 업무생산성을 저해하는 대표적인 요인이다.

국가적으로 야근이 얼마나 심각한 문제인지 2016년 3월 대한상공회의소에서 발표한 조직건강도 진단결과가 잘 보여준다. 이 보고서에 따르면 기업문화 측면에서 가장 큰 고질병은 '회의' '보고'와 함께 '습관적 야근'이었다. 한국 직장인들은 주 5일 중 평균 2.3일을 야근한다. '3일 이상'이 43.1%나 되고 '야근이 없다'는 경우는 12.2%에 불과했다. 야근의 주 원인은 비과학적 업무프로세스와 상명하복의 불통문화 때문인 것으로 분석됐다. 이 보고서에서 특히 관심을 끈 조사 결과가 있는데 야근이 많을수록 업무성과가 되레 저하되는 '야근의 역설'이 그것이다. 실제 관찰해보니 하루 12시간 근무하는 직원의 생산성이 10시간 근무하는 직원보다 오히려 12% 낮은 것으로 나타났다. 생산적으로 활용하는 시간은 절반을 약간 넘는 수준인 5시간 32분(근무 시간의 57%)에 불과했다. 이는 직장인이 생산적으로 일할 여건이 주어지면, 추가적인 시간 투입이 없이도 현재의 2배에 가까운 업무를 수행할 수 있다는 얘기다.

직장인들이 야근하는 이유는 남을 의식하고 눈치를 보는 동양인의 특성 때문이기도 하다. 미시간대 심리학과 교수인 리처드 니스벳은 《생각의 지도》에서 서양에서는 남을 의식하지 않고 자신을 세상의 중심으로 여기는데, 동양에서는 주변과의 관계를 살피고 타인이 보는 내 이미지에 신경 쓴다고 한다. 즉, '일반화된 타자' 혹은 '아웃사이더' 관점을 가지고 있다는 것이다.

일부 대기업이 불필요한 야근을 없애기 위해 퇴근 시간 이후 건물 전체의 불을 끄기도 하고 벌칙을 도입하기도 했지만 편법 야근은 사라지지 않고 있다. 이제 더 이상 가족을 등한시하면서 한강의 기적을 일군 시대처럼 회사의 불이 얼마나 늦게 꺼지는지가 기업의 성장을 대변하지는 않는다. 본질적으로 초과근무수당 등 제도 개선이 필요하지만 사실 야근문화는 의사결정권자인 경영자와 관리자들이 나서면 해결 가능한 문제다. 직원과 가족의 행복, 회사의 성장, 나아가 국가의 밝은 미래를 위해서도 밤에는 불을 빨리 끄자!

세상이 변하고 세대가 바뀌듯 조직도 변화해야만 하는 상황이다. 요즘은 외부 환경 변화에 유연하게 잘 적응하고 건강한 문화를 가진 조직만이 생존할 수 있다. 조직문화 전문가인 패트릭 렌시오니는 강력한 엔진의 마력과 같이 건강한 문화를 가진 조직이 되어야 한다고 강조한다. 그는 단기적으로는 올바른 전략을 가진 똑똑한 기업의 경영성과가 높아 보이지만, 장기적으로는 건강한 기업의 경영성과가 더 높다는 것을 수치로 증명했다.

화장 진하게 하지 마라

SBS 스페셜로 방영된 '은밀하게 과감하게 요즘 젊은것들의 사표'에 등장하는 밀레니얼세대 직장인은 이렇게 하소연했다.

"프로젝트에 관해 진지하게 토론하는 시간은 얼마 안 돼요. 한 30분? 왜 냐하면 방향이 정해져 있거든요. 어떤 방향이냐면 윗사람이 원하는 방향, 나한테 반대의견이 있어봐야 아무 소용이 없어요. 그건 정말 쓸데없는 거 예요. 거짓말로 보고서를 위한 보고서를 만들고… 그런 걸 11시, 12시까 지 하고 있으니, 환장할 노릇이죠. 그리고 파워포인트를 못 쓰니 손으로 써요. 뭐 요러고요(독수리 타법)…. 업무 지시하고 보고서도 하나 못 쓰면서 아직도 이러고 있어요."

"뭐 상무님이 부사장님한테 보고할 거라고 하면 그분이 좋아하는 보고서 스타일로, 그분이 회의 때 했던 얘기와 포인트들 위주로…. 그렇게 해서 보고서가 통과되고 나면 뭐 하느냐면 그건 상무님 마음에 드는 보고서니 까, 그다음에는 그걸 이제 부사장님 스타일로 바꿔요."

앞서 나온 조직건강도 진단결과에서 보듯, 습관적 야근과 함께 우 리나라 기업문화의 큰 고질병은 바로 회의와 보고다. 요즘 밀레니얼 세대가 쓰는 언어 중에 '답정너'라는 것이 있다. "답은 정해져 있으니 너는 대답하기만 해"라는 의미다. 주로 상사가 부하직원에게 자신의 의사를 관철하려고 강압적으로 사용한다. 선택의 여지조차 없는 상 황일 때 쓰는 말이다. 기성세대 중에는 답정너가 너무 많다. 특히 회의나 보고 상황에서는 더 그렇다. 관리자가 주도하는 폐쇄적이고 형식에 집착하는 대부분의 회의와 보고는 생산성뿐 아니라 밀레니얼세대 직원의 사기와 열정을 떨어뜨린다.

사실 의사결정자인 관리자가 권위의식과 타성에 젖어 있는 것이 문제다. 이런 관리자는 많은 직원이 하루 종일 본질적인 업무보다는 중요하지 않은 일에 많은 시간을 허비하게 한다. 심하게 표현하면 화장만 하느라 하루가 다 간다. 우리나라 기업 대부분의 보고용 문서는 외국과 비교하면 그야말로 알맹이 없이 떡칠만 덕지덕지한 수준이다. 정부나 공공기관은 한술 더 뜬다. 국가적으로 이렇게 화장하느라 낭비한 비용을 누군가 환산해본다면 아마 놀라서 까무러칠 수준일 것이다.

관리자의 가장 중요한 역량은 누가 뭐라고 해도 '의사결정'이다. '결정'을 의미하는 영어 단어는 '디시전(Decision)'이다. '자르다' '죽이다'라는 의미의 어원에서 유래한 단어로, 의사결정이라고 함은 원래 '잘라내는 것'이다. 목표달성을 위해 불필요하고 비효율적인 방해요소들을 잘라내고 핵심에 집중해야 한다. 관리자의 역할은 지혜로운 의사결정을 통해 직원들이 불필요한 일을 줄이고 본질적인 일에 집중하여 성과를 내도록 업무환경을 조성하는 것이다.

병원 찾게 하지 마라

병원을 핑계로 휴가를 내거나 조퇴하는 직원이 많아지는 것은 조직문화가 망해간다는 위험신호다. 회사와 관리자는 빨리 이를 포착하고 신속하게 대응해야 한다. 그렇지 않으면 직원들은 밖으로 나가 그

회사의 부조리를 알리는 전도사 역할을 할 것이다. 매경이코노미와 마크로밀엠브레인이 2014년 직장인 1,000명을 대상으로 설문조사한 결과에 따르면, 전체 응답자의 86%가 번아웃(Burn-out, 소진되어 탈진한 상태) 현상을 경험한 것으로 나타났다. 아침에 일어나 출근 생각만 하면 피곤을 느끼거나 업무에 지쳐 완전히 탈진했다고 느끼는 비율이 20~30대에서 60%가 넘게 나타났다. 번아웃 현상은 특히 밀레니얼 세대에게 상대적으로 더 심하게 나타났다.

밀레니얼세대가 번아웃 현상에 노출되기 쉬운 이유는 세 가지 측면에서 찾아볼 수 있다. 의미와 완벽함을 추구하는 특성(Character), 경쟁적인 성장환경(Competitive Environment), 커뮤니케이션 기술(Communication Technology)의 발달 등이 그것이다.

첫째, 밀레니얼세대는 **의미와 완벽함을 추구하는 특성 때문에 쉽게 번아웃된다.** 그들은 돈보다는 '의미'를 좇아 일하기 때문에 오랜 시간 일하거나 자신의 일에 회의가 들면 번아웃되기 쉽다. 그들은 '완벽함'을 추구하는 성향도 강하기 때문에 강박관념으로 자신을 괴롭혀 번아웃에 쉽게 빠진다. 특히 여성이 번아웃에 더 취약하다. 완벽주의 성향이 남자보다 강하기 때문이다.

둘째, 밀레니얼세대는 **부모의 교육열과 함께 치열한 경쟁 환경 속에서 자랐다.** 살아남기 위해 끊임없이 노력해야 했던 세대다. 이들은 좋은 학교에 가기 위해 스펙을 쌓느라 바쁜 학창시절을 보냈다. 성인이 되어서는 취업의 관문을 통과하기 위해 경쟁해야 한다. 직장에 들어와서는 성과에 따라 승진과 보상이 결정되는 경쟁 환경 속에서 자신에 대한 높은 기대치로 업무에 집중하다 보니 번아웃되기 쉽다.

셋째, 컴퓨터, 스마트 기기, SNS 등 커뮤니케이션 기술발달로 언제 어디에서든 일할 수 있게 바뀐 환경이 밀레니얼세대의 번아웃을 부추긴다. 최신 기술 활용에 익숙한 밀레니얼세대는 퇴근 후에도 업무를 계속한다. 그러다 보니 일과 삶의 경계가 무너지면서 번아웃될 여지가 높아졌다. 최근에는 SNS를 활용한 소통이 늘면서 온라인에서 자신의 존재감을 드러내기 위한 노력이 늘어났다. 이처럼 타인과 비교되는 환경에 노출되는 것도 번아웃을 부추긴다.

관리자는 밀레니얼세대들이 번아웃되지 않도록 각별히 챙겨야 한다. 영국 이스트 앵글리아대 조직심리학과 연구팀이 덴마크 우체국 직원 155명을 3년에 걸쳐 조사한 결과에 따르면, 성과중심 리더십이 직원들의 병가 비율을 높인다고 한다. 연구를 이끌었던 케빈 다니엘스 교수는 "회사 관리자는 혁신적이기만 하면 된다는 가정은 장기적으로 옳지 않다. 진정으로 혁신적인 관리자는 직원들의 상태를 늘 점검하고 직원이 스스로 자기건강을 챙길 수 있도록 권유해야 한다"라고 말한다. 관리자는 밀레니얼세대 직원들의 건강을 챙기고 스트레스를 관리할 필요가 있다. 그리고 밀레니얼세대에게 자신이 어떤 상사인지 성찰해야 한다. 한 금융기관에서 발표한 보고서에 따르면 직장인 스트레스의 주요 요인은 너무 많은 업무와 상사였다.

번아웃을 줄이고 업무를 효율화하기 위한 방법의 하나로 '지우잡'이라는 활동을 추천한다. 지우잡은 '지우다'와 'Job'의 합성어로, 불필요한 일들을 정기적으로 지우고 업무효율을 높인다는 의미다. 독

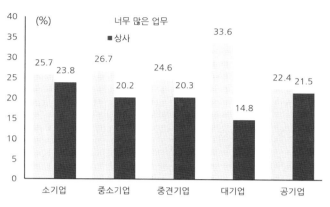

직장에서 받는 스트레스의 주요 1, 2 순위

(너무 많은 업무, 상사)37

'직장에서 받는 스트레스의 주요 1, 2순위'
자료 NH투자증권 100세시대연구소

일 글로벌 무역회사인 오토(Otto) 그룹은 실제로 지우잡을 적용했다.[37]
2007년 구조조정으로 갑자기 직원의 업무량이 20~30%씩 늘어나자
과도한 업무로 불만이 끊이지 않았다. 고민 끝에 CEO는 전사적 차원
에서 지우잡 활동을 적용하기로 결정했다. 우선 각 부서 임원에게 진
행하는 프로젝트 가운데 꼭 끝내고 싶은 것을 하나씩만 선택하게 했
다. 단, 그 프로젝트를 선정할 때 '비용이 얼마나 드는가' '투자 대비
가치가 큰일인가' '직원에게 의미를 줄 수 있는 일인가' 등 세 가지를
고려해 결정하라고 지시했다. 직원의 입장까지 세심하게 배려한 조치
였다. 덕분에 업무 부담이 줄면서 직원의 번아웃도 줄고 이직률도 낮
출 수 있었다. 그 결과 2008년 세계 금융위기 여파 속에서도 이 회사
의 이익은 전년 대비 161% 개선됐다.

일보다 행복의 총량을 관리하라

직원의 행복은 사실 8할이 관리자 책임이다. 직장에서 일과 관계를 통제할 능력과 권한은 대부분 관리자에게 있기 때문이다. 많은 관리자가 관계와 행복보다 일에 집중한다. 설령 관계와 행복이 중요하다고 인식하는 관리자라고 할지라도 업무에 치이다 보면 일이 먼저가 되기 쉽다. 이왕이면 일은 재미있게, 관계는 가족같이 하면 얼마나 좋겠는가? 일과 삶의 조화, 삶의 중요성에 대해 특히 민감한 밀레니얼세대는 행복하다면 시키지 않아도 열심히 일할 것이다. 관리자는 일의 양보다는 행복의 총량을 관리해야 한다. 행복한 사람은 가진 것에 만족할 줄 알고 매사에 감사할 줄 아는 사람이다. 관리자는 이런 직원들이 늘어나도록 책임져야 한다.

행복에 관한 많은 연구가 있다. 필자도 한때 행복에 관한 책을 꽤 읽었는데 행복에 관한 많은 연구에서 공통적으로 강조하는 행복의 조건 몇 가지가 있다.

첫째, 개인 스스로 일이나 시간 등을 통제할 능력(Controllability)을 갖고 있어야 한다. 둘째, 스트레스를 받게 하는 비교 대상(Comparison)보다는 삶을 함께 나눌 가까운 사람이나 공동체(Companion)가 있어야 한다. 셋째, 친한 사람이나 공동체와의 신뢰(Trust), 즉 관계의 질이 좋아야 한다. 마지막으로, 영적으로 의지할 신앙(Confidence)이 있어야 한다.

이상 네 가지 조건 중에 당신은 직원들을 위해 몇 가지나 챙기고 있는가? 관리자는 힘겨운 직장생활을 하고 있는 밀레니얼세대를 포

행복의 네 가지 조건

함한 직원들의 행복을 관리해야 할 책임이 있다. 경영자는 직원들의 건강과 행복을 세심하게 챙기는 최고 건강 및 행복 책임자(CHO: Chief Health & Happiness Officer)가 되어야 한다.

레시피7 성공하는 프로페셔널로 키워라

"프로는 연령, 경력, 직책 등과는 관계없다.
성과와 목표달성 공헌에 책임지고 임하는 사람이 프로다." - 피터 드러커

현재 메이저리그 텍사스 레인저스에서 활약하고 있는 추신수 선수가 예전에 모 연예프로그램에 나와서, 힘들었던 시절의 경험을 얘

기하면서 마이너리그와 메이저리그의 차이를 실감나게 비교한 적이 있다. 그는 거의 천국과 지옥에 비유될 만큼 엄청난 차이에 문화적 충격을 받았다고 한다.

"루키, 싱글A, 더블A, 트리플A로 나뉘는 마이너리그에서는 등급이 올라 갈수록 빵에 잼이 하나씩 추가된다. 트리플A에서 겨우 스테이크가 나올 정도였는데, 메이저리그는 뷔페인 데다 잼은 종류대로 다 있고 매운 소스 도 레벨대로 있었다. 마이너리그 스테이크가 질기다면 메이저리그 스테 이크는 살살 녹는다. 자르면 피가 삭 나온다. 또 마이너리그는 버스로 10 시간, 멀리 가면 15시간씩 앉아 이동하는데, 메이저리그는 일하는 분이 유니폼을 가방에 넣어 구단 비행기에 실어주면 활주로까지 버스를 타고 가서 비행기에 탄다. 라커룸도 차이가 있어서 현재는 팀에서 명당에 있는 2개짜리 큰 라커를 쓴다…."

학생에서 직장인으로 신분이 바뀐 밀레니얼세대들이 겪는 충격도 이와 비슷하다. 이 때문에 회사생활에 적응하는 데도 많은 어려움을 겪는다. 직장 선배인 기성세대는 자신의 경험을 떠올리며 밀레니얼 세대가 직장에 빨리 적응하도록 관심을 가져야 한다. 그들에게 직장 에서의 예절, 직업의식(프로정신), 업무 노하우 등 회사생활 전반에 관 해 조언해주는 친절한 파트너가 되어야 한다. 목표지향의 성취주의 자인 밀레니얼세대 직원은 성장에 대한 기대치가 높으며 열심히 일 할 준비가 되어있다.

치열한 근성을 이식하라

요즘 밀레니얼세대가 이직하는 이유는 대부분 업무가 적성에 맞지 않거나 조직에 적응하지 못해서이다. 밀레니얼세대는 헬리콥터 부모의 든든한 지원 아래 성장했기 때문에 직장에서도 부모와 같은 역할을 하며 도와줄 사람이 필요하다. 그들이 학생에서 직장인으로 역할을 성공적으로 전환하도록 도와야 한다. 프로야구에서 아마추어 시절에 뛰어난 활약을 펼쳐 프로리그에 1차로 지명받은 선수 중에 프로생활에 적응하지 못하고 그만두는 사례가 의외로 많다. 이유는 여러 가지지만 공통적으로 얘기하는 것이 멘탈이다. 다시 말해 프로의식이다. 사실 갖고 있던 실력이 하루아침에 없어질 리는 없다. 밀레니얼세대가 역사상 가장 똑똑한 세대이며 가장 양질의 교육을 받은 유능한 세대라는 것은 누구나 아는 사실이다. 하지만 프로리그에 올라와 스타 선수들 사이에서 주눅 들고 낯선 생활에 적응하지 못하다 보니 제 기량을 발휘하지 못하는 것이다.

기성세대와 얘기를 나누다 보면 요즘 것들은 봐도 못 본 척 지나치는 등 인사성이 부족하다고 한다. 또 대화 중 반말을 한다거나, 말대꾸를 하는 등 예의가 부족하다는 얘기를 많이 한다. 특히 요즘 것들의 지각, 무단외출 등의 근태 불량으로 뒷목 잡아보지 않은 사람이 없을 정도다. 밀레니얼세대는 직장이라는 프로리그에 합류한 이상 기본적인 적응훈련부터 시작해야 한다. 먼저 직장예절부터 배우는 것이다. 특히 교육환경이 열악한 중소기업일수록 더 그렇다. 짧은 스팟 강의로도 단기적으로는 얼마든지 효과를 볼 수 있으니, 입사 초기 신입사원을 대상으로 직장생활 노하우를 알려주는 교육을 실시하면, 밀레니얼세대가 조직에 실제로 적응하는 데 많은 도움이 된다.

맷집을 길러줘라

1군으로 승격되어 프로리그에 첫 등판한 투수 중에서 1회도 못 넘기고 강판되는 경우를 종종 본다. 최근에 필자는 10점 넘게 실점해 몇 번은 멘붕(멘탈 붕괴)이 되었을 투수를 강판시키지 않고 마운드에 세우는 감독을 보았다. 이처럼 감독은 투수가 실점을 하더라도 몇 이닝 더 던지게 하면서 스스로 위기를 극복하는 법을 터득하도록 기회를 줘야 한다. 21세기가 원하는 조직상은 가족 같은 조직이기보다는 스포츠 팀 같은 야성미 넘치는 조직이다.

　밀레니얼세대는 기성세대와 비교해 스트레스 내성이 약하고 고난에 빠졌을 때 다시 원상복귀되는 회복탄력성도 약하다. 선임이 다 해줄 것이라고 생각하며 책임지지 않으려고 한다는 피드백을 받기도 한다. 관리자는 밀레니얼세대에게 의도적으로 업무를 맡기고 책임을 지워서 스스로 학습할 시간을 갖도록 도와야 한다. 하찮은 업무만 줘서는 안 된다. 실수를 한다고 비난해서도 안 된다. 인내심 약한 밀레니얼세대에게 기성세대의 기다림은 좋은 가르침이 된다. 그렇다고 모두를 성장시키겠다는 생각은 버려야 한다. 그렇게 한가하지도 않지 않은가? 성장잠재력이 있는 고성과자의 잠재력을 갖춘 직원에게 집중할 필요가 있다. 자신의 후계자를 육성하듯이 말이다. 모든 선수가 스타가 될 수는 없다.

평가하지 말고 피드백하라

GE는 '성과관리' 대신 '성과개발'이라는 용어로 바꾸고 인재육성에 초점을 두고 있다. GE는 PD@GE(Per-formance Development at GE)라는 앱을 통해 세대 간에 수평적인 쌍방향 의사소통 환경을 구현하고 있다. 이는 SNS 소통에 익숙한 밀레니얼세대에게 특히 안성맞춤인 수단이다. GE를 비롯한 많은 선진기업이 과거 줄 세우기식의 '성과평가' 대신, 직원의 성장을 돕는 대화 중심의 '성과코칭'에 따라 직원의 잠재력을 향상시키는 '수시평가'로 전환했다.

《평가 제도를 없애라》는 인사(HR) 전문가라면 한 번쯤 듣거나 접해봤을 책이다. 이 책에서 저자 팀 베이커는 "평가하지 말고 대화하라"라고 충고한다. 그 이유는 이렇다. 첫째, 1년에 한두 번씩 하는 인사고과 때문에 관리자들이 본연의 업무에 집중하지 못하게 되는데 이로 인한 시간과 비용의 낭비가 크다. 둘째, 인사고과 후 그 페이스를 유지하기 위해 무리하다가 관리자들이 파괴적인 본성을 보인다. 셋째, 인사고과가 주로 관리자들이 직원에게 요즘 일이 어떤지를 물어보는 식의 대화보다는 일방적인 독백처럼 이루어진다.

그는 해결책으로 다섯 가지 대화시스템을 제시한다. 분위기 평가 대화, 강점과 재능 대화, 성장 가능성 대화, 학습과 발전 대화, 혁신과 지속적인 개선 대화가 바로 그것이다.

이 시스템에서는 관리자가 5개월 동안 후배 직원과 1개월에 1회 씩 짧지만 예리한 다섯 가지 주제로 대화를 한다. 이렇게 하면 직원 1명당 1년에 10회 대화를 할 수 있다. 각각 10~15분 정도로 성과와 직결된 대화를 나누는 것이다. 실제로 대화는 밀레니얼세대를 이해하는 중요한 도구이기도 하다. 필자는 대화항목에 '회사의 가치'를 꼭 추가해야 한다고 본다. 밀레니얼세대는 가치를 기반으로 설득하는 편이 효과적이기 때문이다. 중국 기업 알리바바는 가치평가를 하는 것으로 유명하다. 실제 2008년 회계법인 언스트앤영의 조사에 따르면 "빈번하고 솔직한 성과에 대한 피드백을 기대하는가?"라는 질문에 베이비붐세대(39%)보다 밀레니얼세대(85%)가 더 긍정적인 응답을 보였다.

3가지만 꼭 실천해보자

지금까지 밀레니얼세대와 일하는 방법을 7가지 레시피에 따른 총 33개의 실행과제로 살펴보았다. 내용을 다시 상기하면서 이들 과제 중 몇 개나 실천하고 있는지 체크해보자.

밀레니얼세대와 일하는 방법 체크리스트

구분	교육 내용	실천 체크
레시피 1 시시콜콜 간섭하지 마라	생각의 신선도를 관리하라	
	보이는 것보다 보이지 않는 것을 혁신하라	
	원하는 삽질을 마음껏 하게 하라	
	방목하라. 무리와 함께하는 양치기가 되어라	
	직원 행복에 맞춰 근무방식을 바꿔라	
레시피 2 빠르게 돕고 협업하라	다수결보다 만장일치로 결정하라	
	개방형 사무실의 직원이 병가를 더 많이 낸다	
	협업을 위해 도구를 활용하라	
	인내심을 길러줘라	

레시피 3 재미있게 일하며 배우게 하라	요즘 것들은 놀면서 학습하는 인간이다	
	채용에 9할을 투자하라	
	채용 권한을 직원에게 맡겨보라	
	직원을 밖에서 찾지 마라	
	직원에게 리더의 꿈을 심어라	
	요즘 것들에 맞춰 교육을 수술하라	
레시피 4 베짱이를 격려하라	금지조항과 규정을 다이어트하라	
	잡담을 허하노라	
	일과 중 인터넷을 하더라도 모른 체하라	
	관리자 없이도 조직은 잘 굴러간다	
	최신 기술의 활용을 장려하라	
	요즘 것들의 참여가 모든 것을 좌우한다	
레시피 5 일의 의미를 깨닫게 하라	당근과 채찍은 말을 길들일 때나 쓰라	
	비전으로 가슴 설레게 하라	
	잡일에도 의미가 있음을 알려줘라	
	끝 그림을 공유하라	
	의미 있는 일을 모색하라	
레시피 6 일로 혹사하지 마라	저녁까지 회사에 있게 하지 마라	
	화장 진하게 하지 마라	
	병원 찾게 하지 마라	
	일보다 행복의 총량을 관리하라	
레시피 7 성공하는 프로페셔널로 키워라	치열한 근성을 이식하라	
	맷집을 길러줘라	
	평가하지 말고 피드백하라	
총 실천항목 개수		( )개

이제 33개 실천과제를 참고하여 '요즘 것들과 함께 일하기'의 실행을 위한 다음 항목을 하나씩 적어보자.

요즘 것들과 함께 일하기 위한 실행 항목(예시)

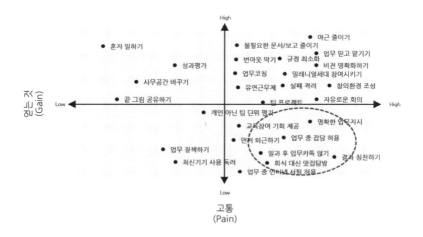

요즘 것들과 함께 일하기 위한 실행 항목

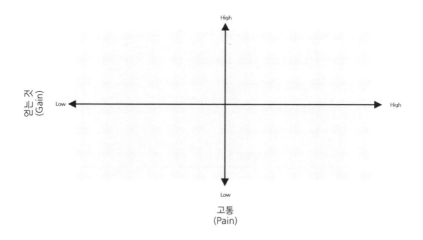

그중에서 스스로 가장 실천해보고 싶은 항목이 있을 것이다. 사사분면에 적은 항목 가운데 고통도 적으면서 얻을 것이 많은 것을 우선으로, 욕심내지 않고 딱 세 가지만 실천해보자. 다음의 3단계 순서에 따라 실행에 옮긴다면 분명 의미 있는 변화가 생기리라 확신한다.

1단계: 가장 중요한 것 세 가지를 고른다.
2단계: 세 가지 실행 항목에 대해 구체적인 계획을 수립한다.
3단계: 나머지 실천항목은 거들떠보지 않는다.

요즘 것들과 함께 일하기 위한 실행 계획 세우기

No	실행 항목	실행 계획
1		
2		
3		

변화는 포기하고 버리는 데서 시작된다. 투자의 귀재 워런 버핏은 많은 사람이 목표를 달성하지 못하는 이유가 목표가 너무 많기 때문이라고 강조한다. 세 가지 실행 항목도 많을 수 있다. 정말 해야 할 본질적인 한 가지만 선택한다면 더 집중할 수 있고 성공확률도 높아질 것이다.

너를 알고 싶어

요즘 것들의 속마음

자유로운 의견 제시 "회의를 누가 주관하느냐에 따라 회의 분위기가 너무 달라요. 젊은 팀원들에게 활발하게 의견을 낼 수 있도록 하는 프로젝트 매니저가 좋은 아웃풋을 만드는 것 같아요." - 30대 중반 직장인

책임지는 리더 "저희 이사님은 구성원들에게 마음껏 새로운 시도를 해보라고 격려해주세요. 중요한 건 그렇게 해서 좋은 결과가 나오지 않으면 진짜 당신이 다 책임지세요. 구성원들이 이사님을 위해서라도 더 열심히 하는 것 같아요." - 30대 중반 직장인

업무 배정 "우리 팀장님은 팀원들의 장단점을 너무 잘 아시는 것 같아요. 업무를 배정할 때 보면 그게 보여요. 팀원들의 특성에 맞게 배분하기 때문에 개인적으로 좀 서운한 점이 있어도 불만은 없어요." - 30대 중반 직장인

실무자가 함께하는 면접 "우리 부서에서는 사람을 뽑을 때 꼭 상무님께서 실무자들에게 직접 면접을 보도록 하세요. 저희들이 보지 못하는 부분도 있겠지만 적어도 함께 일하는 데 가장 적합한 사람을 채용할 수 있다는 생각이 들어요. 관리자는 못 보는 실무자만의 관점이 있거든요." - 30대 중반 직장인

부모같이 멘토링해주는 리더 "기억에 남는 좋은 리더는 내 경력목표에 대해 진지하게 상담해준 이사님이었던 것 같아요. 만약 10년 후에도 이 회사에 계속 다닌다면 이사님 같은 리더가 되고 싶어요." - 30대 중반 직장인

사원교육 "사원급 교육프로그램을 개발할 때 저는 꼭 저희 세대의 의견이 반영되어야 한다고 생각해요. 우리는 재미없는 기존 교육이 싫거든요."- 30대 초반 직장인

느린 결재 "우리 회사는 결재까지 시간이 오래 걸려요. 전자결재시스템이 있어도 실제 보고라인을 다 거치다보면 최종 결재가 날 때까지 한참을 기다려야 하거든요."- 30대 중반 직장인

휴식에 대한 생각 "물론 일을 하다가 가끔 페이스북을 슬쩍 보거나 카톡을 하기도 하죠. 하지만 기성세대는 담배를 피우잖아요? 매번 20분씩 계산하면 하루 3번만 피워도 1시간인데. 그런데 누가 이걸 가지고 뭐라고 하진 않잖아요?"- 30대 초반 직장인

업무 패턴 "물론 일과 중에 과하게 인터넷 쇼핑을 하고 딴짓하는 친구들이 있기는 해요. 하지만 대부분은 그렇지 않아요. 리더가 없으면 잠시 쉴 수는 있지만 늘 그렇지는 않아요."- 30대 초반 직장인

컴퓨터 활용 "선배들 일하는 것 보면 답답할 때가 있어요. 단축키 몇 개만 알아도 문서작성 시간을 줄일 수 있는데 말이에요."- 30대 초반 직장인

가치, 의미, 동기 부여 "긴 시간 동안 일하는 것이 힘들기보다는 의미 없는 일을 하고 있거나 나만 힘들게 일하는 것 같다고 느껴질 때가 힘든 것 같아요."- 30대 초반 직장인

비효율적으로 긴 업무 시간 "선배 직원들이 바빠서 늦게 퇴근하다 보니 저희처럼 직장생활을 시작한 지 얼마 안 된 주니어들은 눈치를 안 볼 수가 없어요. 사실 서두르면 낮에 충분히 끝낼 수 있는 일도 느긋하게 밥 먹고 차 마시면서 저녁까지 하는 경우도 적지 않은 것 같아요. - 20대 후반 직장인

형식적인 제안서 "정부나 공공기관에서 요청하는 제안서는 제본이 100페이지가 넘어요. 선배들 얘기로는 민간기관과 달리 정부나 공공부문의 제안서는 질만큼이나 양도 따진다고 하더라고요. 이거 국가적으로 낭비인 것 같아요. 핵심 내용만 잘 담는다면 20~30페이지로 충분하지 않나요?"- 30대 초반 직장인

업무와 휴식 "우리 부서는 다른 부서에 비해 일이 많은 편이에요. 힘들 때는 쉬고 싶어도 눈치가 보여서 휴가도 잘 못 가요. 선배들도 힘들게 일하면서 휴가도 제때 못 가거든요. 저는 종종 병원 간다고 얘기하고 반차나 휴가를 내요. 이렇게라도 해서 쉬지 않으면 못 버틸 것 같아요."- 30대 초반 직장인

일과 삶의 균형 "직장에서 누구와 일하는가가 행복에 많은 영향을 주는 것 같아요. 우리처럼 요즘 젊은 직원들은 일보다 삶을 중요하게 생각하기 때문에 좋은 리더를 더 원하는 것 같아요. 좋은 리더와 일하는 직원들이 제일 부러워요."- 30대 초반 직장인

일의 가치 "가치 있는 일을 하는 것은 중요해요. 연봉이 중요하지 않은 것은 아니에요. 연봉이 높다는 것은 그만큼 가치 있는 일을 하고 있다는 의미잖아요. 또 그만큼 내가 가치 있는 존재로 인정받고 있다는 증거이기도 하고요."- 30대 중반 직장인

가장 많이 듣는 질문

Q1　요즘 것들과 퇴사 상담을 하다 보면 많은 이들이 퇴사 여부를 부모님과 상담해서 결정합니다. 오히려 회사생활을 잘 아는 직장 선배에게 물어야 맞지 않을까요?

A　기성세대와는 다르게 요즘 것들은 부모와 인생 전반을 함께하는 세대입니다. 난처한 일이 생기거나 조언을 구할 일이 생기면 부모에게 먼저 묻습니다. 그들은 전문가보다 부모(특히 엄마)를 더 신뢰합니다. 따라서 잘 아는 주변의 다양한 전문가의 의견을 충분히 듣고 현명하게 의사결정을 하도록 도와줄 필요가 있습니다.

Q2　기성세대에게만 일방적으로 변화를 요구해서는 안 된다고 생각합니다. 우리도 힘들기는 마찬가지예요. 요즘 것들도 많이 변해야 하지 않나요?

A　어른으로서 먼저 솔선수범하는 것이 중요하다고 봅니다. 요즘 것들은 기성세대가 본을 보이기를 원합니다. 그런 모습을 보면서 신뢰감을 쌓고 존경하게 되지요.

당신은
요즘 것들이 함께 일하고 싶은
리더입니까

직장에서 요즘 것들의 운명을 틀어쥔 사람은 '리더'다. 요즘 것들은 부서나 조직에서 어떤 리더를 만나는가에 따라 원석으로 묻히거나 보석으로 환생할 수도 있다. 리더가 그들에게 어떤 영향력을 미치는가에 따라 요즘 것들의 직장생활이 좌우된다고 해도 과언이 아니다. 리더는 그들을 남다른 사명감으로 대해야 한다. 절대 함부로 대하면 안 된다. 머리말에서도 얘기했지만 요즘 것들을 대하는 리더십이나 테크닉 부족은 망해가는 조직문화의 대표적 징후다. 요즘 것들을 대하는 리더십은 이제 달라져야 한다.

요즘 것들은 어떤 리더에 열광할까? 한마디로 '인정하고 지지하는(SUPPORT) 리더'다.

하기 싫은 것은 내가 먼저 하라(Sample). 요즘 것들은 말 많은 리더가 아니라 솔선수범하는 리더를 원한다. 솔선수범이란 쉽게 말해 하기 싫고 어려운 일을 내가 먼저 나서서 하는 것이다. 리더가 솔선수

범할 때 신뢰가 생긴다. 신뢰할 만한 리더가 전하는 메시지는 직원들의 마음을 움직인다.

> 자공이 공자에게 물었다.
> "평생을 지켜나갈 만한 한마디 말이 있습니까?"
> 공자가 대답했다.
> "그것은 관용(恕)이니, 자기가 원하지 않는 것은 남에게 하지 않는 것이다
> (己所不欲勿施於人)." - 《논어》, 〈위령공〉편 중에서

얽힌 매듭은 어른답게 먼저 풀어라(Untie). 요즘 것들은 그들이 잘못했더라도 부모님처럼 먼저 다가와 화해하는 마음 넓은 리더를 원한다. 혹시 함께 일하는 밀레니얼세대 직원과 화해하지 못하고 고민하는 리더가 있다면 어른답게 먼저 다가가 말을 걸어라.

가치 있는 조언을 하라(Provide). 요즘 것들은 직장에서도 친구나 온라인 전문가(덕후)처럼 편하게 물어볼 수 있고 무엇이든 잘 가르쳐주는 파트너를 원한다.

권위와 권한 따위는 던져버려라(Put down). 요즘 것들은 몰라도 아는 척 목이 뻣뻣한 리더가 아니라, 권위 따위는 내려놓고 친구처럼 함께 고민하고 진솔하게 소통할 리더를 원한다.

양보하고 기회를 줘라(Open). 요즘 것들은 자녀를 위해서 기꺼이 양보했던 부모처럼 식사 메뉴마저도 양보하고, 후배 직원에게 공을 돌릴 줄 아는 리더를 원한다.

그들의 다름을 인정하라(Receive). 요즘 것들은 외계에서 온 그들의 사소한 실수를 '틀렸다'고 정죄하는 리더가 아니라 '다르다'라고 이해할 줄 아는 리더를 원한다.

그들에게 왕위를 물려줘라(Turn over). 요즘 것들은 후배 직원의 성장을 두려워하는 리더가 아니라, 그들에게 왕좌를 물려주기 위해 멋진 대관식을 준비하는 리더를 원한다.

어른들의 의무, 그들이 마음먹어야 바뀐다

"대한민국에 어른이 없다." 이렇게 한탄하는 사람들이 많다. 이는 사회적으로 롤 모델이 없다는 얘기이기도 하고, 나잇값 하는 어른이 없다는 의미이기도 하다. 이미 선진국에 들어선 대한민국이 명실공히 그 외형에 걸맞은 사고와 문화적 수준을 갖추었는가 하는 자조 섞인 질문을 많이들 한다. 이 질문을 받아야 할 대상은 기성세대다. 젊은 세대가 보기에 본받을 점보다는 그렇지 않은 점이 더 많지는 않은가?

기성세대가 젊은 세대에게 투명인간 취급을 받지 않으려면 이제는 뒷방 늙은이 같은 기득권과 고정관념을 과감히 벗어던질 수 있어야 한다. 그리고 너무 다른 젊은 세대에 애정을 가지고 이해하려고 힘써야 한다. 그러려면 젊은 세대를 바라볼 때 이제껏 썼던 선글라스 대신 돋보기로 새로 바꿔 끼고 그들을 자세히 들여다보아야 한다. 그들이 무엇을 갈망하고 무엇 때문에 힘들어하는지 살펴야 한다. 그들은 기성세대가 만든 환경에서 그들의 손으로 키운 자식들이며 후배들이다.

얼마 전 일본의 만화가 야마다 레이지가 쓴 《어른의 의무》를 우연히 접하고 읽으면서 무릎을 친 적이 있다. 그 이유는 두 가지였다. 먼저 저자 스스로 전통세대의 노인이면서도 깊이 있게 자성하고 성찰하는 모습이 인상적이었다. 그리고 어른으로서 기성세대들에게 던지는 메시지 한 마디 한 마디가 옳고 명확했다. 책에서 저자는 어른이 되기 위해 필요한 세 가지를 당부한다.

첫째, 불평하지 않는다
둘째, 잘난 척하지 않는다
셋째, 기분 좋은 상태를 유지한다

필자는 여기에 하나 더 덧붙이고 싶다.

넷째, 요즘 것들을 이해하고 공감한다

4차 산업혁명 시대의 주역이 될 그들에게 핸들을 맡기자

각 세대를 목적지를 향해 가는 자동차에 탄 승객으로 비유해보려고 한다.

가장 상석인 오른쪽 뒷좌석엔 전통세대, 왼쪽 뒷좌석엔 베이비붐 세대, 조수석엔 X세대, 운전석엔 밀레니얼세대가 타고 있다. 곧 4차 산업혁명의 고속도로를 질주하기 위해서는 그래야 한다. 아직 우리는 3차 산업혁명의 국도를 운전 중이다. 하지만 머지않은 거리에 새로 잘 닦인 고속도로 입구와 마주하고 있다.

우리는 곧 4차 산업혁명의 고속도로에 진입할 것이다. 새로운 고속도로를 달릴 모습을 상상해본다. 운전석에 앉은 밀레니얼세대는 설렘과 불안함으로 핸들을 잡았지만 기기 작동 능력이 좋아서 금방 운전에 익숙해진다. 옆자리에 앉아서 수시로 정보를 제공하는 운전 베테랑 X세대가 있기에 든든하다. 가끔 돌발 상황이 생기면 뒷좌석에 앉은 베이비붐세대와 전통세대가 필요한 정보를 제때에 제공해준다.

조수석에 앉은 X세대는 밀레니얼세대에게 능숙한 운전 실력을 전수하고, 교통상황을 체크하면서 지리 및 운전 정보를 수시로 알려준다. 운전사가 깜빡 졸 수도 있으니 말동무도 되어준다. 함께 탄 승객들이 편안하고 즐겁게 여행하도록 음악이나 라디오도 틀어준다. 가끔 긴 여행을 떠날 때면 간식도 챙긴다.

베이비붐세대는 창밖을 바라보며 어디쯤 왔는지 확인하면서 경치를 즐긴다. 어쩌다 예측하지 못한 돌발 상황이 발생하면 과거의 경험을 되새겨 차분하게 차 내 분위기를 안정시키고 밀레니얼세대에게 적합한 노하우를 전수한다. 전통세대는 눈을 감고 대화를 듣다가 가끔씩 '운전 잘하는데' 정도로 한마디 던질 뿐이다. Z세대는 저 멀리 도로 한쪽에서 자동차를 기다리고 서 있다.

기성세대는 불안한 마음이 들더라도 밀레니얼세대가 자신감을 가지고 운전하도록 그들의 운전 실력을 신뢰하고 격려해야 한다. 수시로 그들과 진심으로 대화하며 그들이 성장하도록 돕는 멘토이자 파트너가 되어야 한다.

전두엽이 고장 난 더 센 놈들이 몰려온다

Z세대는 이르면 1995년을 시작으로 보기도 하지만 보통 2000년 즈음부터 2010년 사이에 태어난 세대를 일컫는다. 밀레니얼세대가 베이비붐세대 부모에게서 태어났다면, Z세대는 386세대나 X세대 부모의 자녀로 태어났다. 이들이 기성세대와 다른 점은 생애주기 동안 스마트 기기를 손에 들고 지냈다는 것이다. 아주 어려서부터 영상과 이미지에 매우 익숙하고, 누가 특별히 가르쳐주지도 않았는데 손가락으로 화면을 넘길 줄 아는 '드래그 세대' 내지는 '터치 세대'다.

Z세대는 주로 컴퓨터, 스마트폰, 태블릿PC 등의 기기를 통해 정보를 습득한다. 그래서 자기 생각을 논리적으로 정리해서 표현하는 문제해결력, 창의성과 감정조절을 관장하는 전두엽보다는 시각 처리와 시각인식을 관장하는 후두엽이 발달했다. 이는 Z세대의 특징을 이해하는 중요한 단서다. 밀레니얼세대가 웹 텍스트로 커뮤니케이션하고, 현재 지향적이며, 경험과 공유를 중시하고, 디지털 감각이 있는 세대였다면, Z세대는 소셜네트워크 이미지로 소통하고, 미래지향적이며, 새로운 것을 창조하고, 디지털이 삶의 중심인 세대다.

Z세대가 태어나서 조우한 것들을 살펴보면 컴퓨터, 워크래프트, 페이스북, 구글, 유튜브, 스마트폰, 태블릿PC, 인스타그램, 1인 방송 등 주로 감각적이고 직관적으로 사고하도록 훈련될 수밖에 없는 것들이다. 후두엽으로 세상을 읽는 이들의 교실 풍경은 기성세대의 그 것과는 사뭇 다르다고들 얘기한다.

이들 Z세대는 이르면 2020년부터 사회생활을 시작한다. 밀레니얼세대가 사회에 적응하느라 치렀던 아우성과 비교하면 Z세대는 아마 비명을 지를지도 모른다. 밀레니얼세대와 직장생활을 하는 데 어려움을 호소했던 기성세대는 이것을 교훈 삼아 Z세대를 슬기롭게 맞을 준비를 해야 한다. 더욱 현실적이며 실용적인 Z세대를 맞으려면 밀레니얼세대를 맞이할 때보다 더 단단히 마음의 준비를 해두어야 할지도 모른다. 밀레니얼세대의 끝자락을 붙들고 더 센 놈들이 몰려오고 있다.

요즘 것들을 알기 위해 참고한 문헌

권재원, 《요즘것들 사전》, 우리학교, 2016.

댄 쇼벨, 《me2.0》, 한스미디어, 2011.

데이비드 버커스, 《경영의 이동》, 한국경제신문, 2016.

돈 탭스코트, 《디지털 네이티브》, 비즈니스북스, 2009.

라즐로 복, 《구글의 아침은 자유가 시작된다》, 알에이치코리아, 2015.

린 C. 랭카스터·데이비드 스틸먼, 《밀레니얼 제너레이션》, 더숲, 2010.

박경숙 외, 《세대갈등의 소용돌이》, 다산출판사, 2013.

박재흥, 《세대차이와 갈등: 이론과 현실》, 경상대학교출판부, 2017.

박재흥, 《한국의 세대문제: 차이와 갈등을 넘어서》, 나남, 2005.

브래드 카쉬, 《넥스트리더십》, 글로세움, 2016.

손자, 《손자병법》, 휴머니스트, 2016.

야마다 레이지, 《어른의 의무》, 북스톤, 2017.

유발 하라리, 《호모데우스》, 김영사, 2017.

이현우 외, 《표심의 역습》, 책담, 2016.

정동일, 《사람을 남겨라》, 북스톤, 2015.

제니퍼 딜·알렉 레빈슨, 《밀레니얼세대가 일터에서 원하는 것》, 박영스토리, 2017.

제임스 쿠제스·베리 포스너, 《리더》, 크레듀, 2008.

제프 프롬·크리스티 가튼, 《밀레니얼세대에게 팔아라》, 라온북, 2015.

조한혜영 외, 《노오력의 배신》, 창비, 2016.

찰스 햄프든 터너·알폰스 트롬페나르, 《기업문화혁명》, 자작나무, 1995.

최유석, 《세대 간 연대와 갈등의 풍경》, 한울아카데미, 2016.

크리스 베일리, 《그들이 어떻게 해내는지 나는 안다》, 알에이치코리아, 2016.

타파크로스, 《빅데이터로 보는 밀레니얼세대》, 북투데이, 2017.

파리드 자카리아, 《하버드 학생들은 더 이상 인문학을 공부하지 않는다》, 사회평론, 2015.

프랜시스 쿤로이더 외,《세대를 뛰어넘어 함께 일하기》, 슬로비, 2015.

하형록,《P31 : 성경대로 비즈니스하기》, 두란노, 2015.

한비자,《한비자》, 휴머니스트, 2016.

박경숙·서이종·장세훈, "세대간 소통 및 화합 방안 마련을 위한 조사 연구", 국민대통합위원
　　회, 2012.

박오수·김기태, "'조직세대' 구분과 '조직세대'별 문화적 특성에 관한 연구",〈인사, 조직연구〉,
　　9(1), 한국인사·조직학회, 22호, 2011.

박오수·김기태, "'조직세대'별 인사제도 선호경향에 대한 탐색적 연구",〈인사관리연구〉,
　　25(1), 2001.

예지은·진현, "신세대 직장인의 특성에 관한 연구",〈인적자원개발연구〉, 제12권 2호, 2009.

이명진, "한국 2030 신세대의 의식과 사회정체성",〈SERI 연구 에세이〉, 38호, 2005.

이승환, "유교전통에서 본 소통의 정치", 오늘의 동양사상, 2011.

황상민·김도환, "한국인의 생애주기와 세대의 심리적 정체성: '세대 차이' 연구를 위한 심리학
　　적 모델",〈한국심리학회지: 사회 및 성격〉, 18(2), 2004.

주석

1   "名不正則言不順, 言不順則事不成", 공자, 《논어》 〈자로〉편

2   박재흥, 《한국의 세대문제》 (나남, 2005), p62 재구성

3   위의 책, p5.

4   이현우 외, 《표심의 역습》 (책담, 2016), p30.

5   〈하버드 비즈니스 리뷰〉, 2012년 3월호 영문판

6   현대경제연구원, '공무원 시험의 경제적 영향 분석과 시사점', 2017. 4.

7   린 C. 랭카스터 · 데이비드 스틸먼, 《밀레니얼 제너레이션》 (더숲, 2010), p133

8   통계청, '사회조사', 2014 참고

9   파타고니아 인터넷 홈페이지 (http://www.patagonia.com/company-info.html) 참고

10   매년 인터넷 관련 데이터를 망라해 통계와 인터넷 트렌드를 발표하는 보고서

11   미래창조과학부 · 한국인터넷진흥원, '2016 인터넷이용실태조사', 2016.

12   "삼성맨 10명 중 8명 직장 내 세대 차이 느낀다", 아시아경제, 2015. 02. 03.

13   박경숙 외, 《세대갈등의 소용돌이》 (다산출판사, 2013), p138.

14   "직장생활 신조어 1위 '월급 로그아웃'… '사축 • 프로야근러'도", 연합뉴스, 2016. 12. 21.

15   이승환, 《유교전통에서 본 소통의 정치》 (오늘의 동양사상, 2011), p84.

16   "직급별, 회사서 '듣기 싫은 말 vs 듣고 싶은 말' 1위는", 이데일리, 2016. 3. 16.

17   http://news.joins.com/article/16578230 참고

18   동영상 '나는 왜 이 일을 하는가' (https://youtu.be/XfsKZ3jm8b8) 참고

19   FDU Magazine Online (Winter/Spring 2005), Workplace Characteristics 재구성, http://
     www.fdu.edu/newpubs/magazine/05ws/generations.htm 참고

20   2017 KOREA SUMMIT 한국창의성학회 창립 학술대회 발표자료 참고 (7,057명 대상 설문)

21   히브리어로 '뻔뻔함, 담대함, 저돌성, 무례함' 등을 뜻하는 말로, 댄 세노르와 사울 싱어가
     쓴 《창업국가》에서는 형식 타파(Informality), 당연한 질문의 권리(Questioning Authority), 섞
     임이나 어울림(Mash-up), 위험 감수(Risk-taking)의 정신, 목표 지향(Mission-oriented)의 정신,

끈질김(Tenacity)의 정신, 실패를 통한 학습(Learning from Failure)의 7가지를 제시했다.

22 연구계를 중심으로 좋은 실패를 '성실실패(Honorable Failure)'라는 용어로 규정하고 있다. '성실실패'란 실패는 했지만 ① 높은 수준의 목표, ② 부단한 노력, 높은 파급효과 등의 조건을 갖춘 실패를 의미한다. 심형석, 《어떻게 실패는 성공을 부르는가》(커뮤니케이션북스, 2013), p14.

23 "성과와 만족도는 자율성과 비례한다. 통제권 허용 통해 직원을 성숙시켜라", DBR, 2016년 2월 제195호 참고

24 유발 하라리, 《호모데우스》(김영사, 2017), p188~189.

25 "다이슨에선 엔지니어가 곧 디자이너", DBR, 2014년 5월 제153호.

26 나은영·차유리, "한국인의 가치관 변화 추이", 한국심리회지, 2010.

27 데이비드 버커스, 《경영의 이동》(한국경제신문, 2016), p286~288.

28 출처: http://www.industryweek.com/leadership/mentoring-basf-offers-employ-ees-deeper-connection

29 출처: https://www.td.org/Publications/Blogs/ATD-Blog/2012/12/156-Billion-Spent-on-Training-and-Development

30 제임스 M. 쿠제스·배리 Z. 포스너, 《리더》(크레듀, 2008), p82~84.

31 삼성경제연구소, '사람을 움직이는 힘'의 '인센티브'편, 2011.

32 출처: https://www2.deloitte.com/us/en/pages/about-deloitte/articles/culture-of-purpose.html

33 하형록, 《P31: 성경대로 비즈니스하기》(두란노, 2015), p129~137.

34 "저커버그 부부 3.3조원 기부… 밀레니얼세대 '롤모델 1위'에 걸맞은 선행", 서울신문, 2016. 9. 22.

35 오민석, "인도의 국민기업 타타(TATA)그룹", 국제기업법무 정보, 2008.

36 주휘정 외, "고교 등급생, 서른 즈음 서로 다른 삶", 한국직업능력개발원, 2017.

37 "2016년 대한민국 직장인보고서", NH투자증권, p17.

38 "직원을 짓누르는 어마어마한 업무량, '지우잡'으로 혁신하라", 전자신문, 2016. 3. 23.